Yao Amos SANI

L'éducation financière

Clé du Succès de l'autonomisation socio-économique de la jeunesse

Illustration de la couverture : Nongnidè Emmanuel SOTONDJI

Du même auteur

Cette Afrique des marionnettes et du mensonge des Sciences, Éd. AB 2023

Le leadership à l'ère de l'information, ÉD DhArt, 2019

Afrique: le défi du Bien-être en éducation, Éd. DhArt 2018

Construire une autre Afrique de l'Avenir, Éd. L'Harmattan 2018

Bénin, Investir dans l'avenir: l'impératif d'une éducation innovante, Éd. L'Harmattan 2018

Table des matières

Introduction 11
Chapitre I : Qualité de vie 14
   Besoins 14
      Définition 14
      Classification 15
   Désirs 18
   Planifier 18
   Facteurs qui influencent nos décisions financières . 19
   Récapitulatif 23
Chapitre II : Objectifs – Valeurs et Comportements 24
   Objectifs 24
      Définition 24
      Caractéristiques 25
   Les horizons des objectifs 26
      Pratique : la fixation des objectifs 27
   Types d'objectifs financiers 28
   Valeurs 30
      Définition 30
      Quelques exemples 30
      D'où nous viennent les valeurs? 31
      Pratique 32

Comportements	33
Récapitulatif	34
Chapitre III : Revenus	**35**
Définition	35
Sources des revenus	36
Types	40
Récapitulatif	43
Chapitre IV : Dépenses	**44**
Définition : Dépenses de consommation	44
Types	45
Dépenses mensuelles fixes / récurrentes	45
Dépenses variables (occasionnelles) / annuelles	46
Solde	48
Prendre le contrôle des dépenses	48
Récapitulatif	50
Chapitre V : Le Crédit	**51**
Définition	51
Types de crédits	52
Pourquoi emprunte-t-on de l'argent?	54
Les prestataires de services financiers	55
Banques	56
Agences et sociétés de courtage	57

Fiducies 57
Quelques conditions d'obtention de crédit 58
La solvabilité 58
La cote de crédit 60
Le coût du crédit 61
Quelques avantages du Crédit 63
Inconvénients du crédit 63
Récapitulatif 64

Chapitre VI : Endettement 65
Définition 65
Types de dettes 65
Signes de surendettement 67
Sortir de l'endettement 69
Récapitulatif 70

Chapitre VII : Maintenir le cap : Budget personnel 71
Définition 72
Horizons du budget 73
But ultime du Budget 74
Éléments d'un budget 76
Cycle de l'argent 80
Cycle budgétaire 82
Récapitulatif 88

Chapitre VIII : Bilan personnel 89
    Définition 89
    Éléments du bilan d'un particulier 90
    Actifs et Juste Valeur Marchande ou JVM 91
    Passifs 91
    Valeur nette 91
    Récapitulatif 93

Chapitre XIX : Investir son argent : le placement 94
    Définitions 94
        Épargne 94
        Pouvoir d'achat 95
        Inflation 96
        Fiscalité 97
    Objectifs de l'épargne 99
    Types de placements 101
    Les revenus de placements 101
    Devenir un vrai épargnant 104
    Récapitulatif 105

Chapitre X: Se découvrir pour une bonne prise de décision 106
    Analyse des facteurs internes et externes de l'investisseur 106

Les déterminants du placement : Profil de l'investisseur 108

    Situation financière personnelle de l'investisseur 108

    Connaissances 109

    Expérience 109

    Horizon de placement 110

    La tolérance au risque 110

Récapitulatif 113

Chapitre XI: La gestion du risque : Se protéger - les Assurances 115

  Définition des assurances 115

  Les parties prenantes d'un contrat d'assurance 116

  Utilité 116

  Types d'assurances 118

    Assurance vie 118

    Assurance invalidité 119

    Assurance contre les maladies graves 119

    Assurance santé 120

    Assurance immobilière (du patrimoine) 120

  Se faire accompagner : travailler avec un Conseiller financier 121

  Choisir un conseiller 122

    Récapitulatif 125
Épilogue : Indépendance financière 126
    Définition 126
    La performance financière 127
    Fonds d'urgence 127
    Récapitulatif 128
Conclusion : Réaliser son indépendance financière .. 129
Bibliographie sommaire 131

Dédicace

Je dédie ce livre à toute la jeunesse au sens large du terme, surtout celle qui se bat pour réaliser son indépendance financière avec les moyens et par les voies justes et dans l'honnêteté. L'avenir vous appartient!

À tous mes étudiants, avec qui j'ai eu le privilège de partager les concepts de la Finance personnelle. Vous m'avez, sans le savoir, plus motivé que je ne l'ai fait pour vous. C'est vous qui m'avez donné l'audace et le courage nécessaires pour traduire nos conversations et contenus académiques en livre pour le grand public.

Introduction

Réaliser le succès financier est le but poursuivi par tout individu. Et malgré que la Finance touche la vie de tout être humain sur Terre, quels que soient son statut, son âge, son sexe, sa profession, ... l'étude de celle-ci est absente des curricula du secondaire, et n'est réservée, la plupart du temps, qu'à un nombre restreint d'individus, ceux qui choisissent d'en faire un métier. Ces derniers l'étudient au supérieur et pour la plupart du temps, une fois sortis, la mettent au service des grandes compagnies, au détriment de la grande masse.

Ce fait se traduit par d'innombrables difficultés que rencontre la grande masse sur le chemin de son indépendance financière. Quand on sait que la force économique d'un pays réside dans le pouvoir financier et économique de sa classe moyenne et de sa jeunesse, il devient impératif de mettre en œuvre des stratégies innovantes qui permettront l'autonomisation socio-économique surtout de sa jeunesse.

Le succès financier est unique, personnel et est fonction des objectifs de chacun. Sa réalisation passe donc par la connaissance de soi, de ses forces et faiblesses, des opportunités et menaces, par conséquent, de l'environnement interne et externe de chacun.

Plusieurs outils existent pour aider à la réalisation de l'indépendance financière. Il s'agit principalement du budget et du bilan personnels, du plan financier. Ces outils en eux-mêmes restent et demeurent des outils. Leur efficacité repose sur le caractère de l'investisseur, à savoir ses valeurs, ses comportements, sa discipline et sa flexibilité.

Cet ouvrage s'adresse à tout public, mais en particulier aux jeunes, de tous niveaux et tous les milieux. Il n'a donc pas pour objectif de former des financiers, mais d'aider à réaliser avec moins de difficultés le succès financier poursuivi par chacun. Il est écrit dans un style facile de lecture avec moins de jargons et l'absence de formules financières et mathématiques. Il constitue un outil de planification financière et son utilité réside dans la volonté, la confiance et l'objectif financier clair, réaliste et réalisable de chaque lecteur. Pour simplifier la lecture tout en optant pour l'inclusion, j'ai utilisé alternativement trois (3) unités monétaires : le dollar canadien ($CAD), le FCFA[1] et l'Euro (€)

Le chemin qui mène à l'indépendance financière est jonché de défis et d'obstacles. C'est pour cette raison qu'il est recommandé à chacun de se faire accompagner par un spécialiste avec qui il peut collaborer sur le long terme. Travailler avec un

---

[1] FCFA = "Franc des Colonies Françaises d'Afrique", unité monétaire de certains pays francophones de l'Afrique

spécialiste ne diminue pas la responsabilité de l'investisseur, car c'est lui qui connait ses objectifs, besoins, désirs et capacités.

Je formule le vœu que ce petit ouvrage apporte à chaque lecteur, surtout les jeunes la force et la lucidité afin de faire avec moins de difficultés le chemin de leur succès financier dans ce monde d'aujourd'hui qui nous pousse de plus en plus au consumérisme, un monde de vautours financiers dans lequel chacun veut prendre le plus dans la poche du consommateur, sans se soucier de son futur, un futur financier radieux. Puisse ce livre devenir celui de la table de chaque famille, du chevet de chacun.

Bon voyage à travers chaque page de cet opus et outil !

Chapitre I : Qualité de vie

Êtres en devenir, les humains prennent des décisions qui régulent leur existence, déterminent et orientent leurs choix en fonction de leurs besoins et désirs. Qu'ils soient vitaux ou non, individuels ou collectifs, ces besoins et désirs varient et évoluent en fonction de plusieurs facteurs, dont principalement l'âge, la classe sociale et les milieux de vie.

Besoins

Définition

« *Un **besoin** est, pour les êtres vivants, une **sensation de manque, de privation, d'insatisfaction** qui les pousse à **accomplir des actes** perçus comme **nécessaires, voire indispensables**. Le but de ces actes est de faire disparaître cette sensation de manque : la **satisfaction du besoin**[2]*. »

Selon la Fondation canadienne d'éducation économique (FCEE), « *Un **besoin** est quelque chose d'indispensable à la vie quotidienne.* »

Les besoins sont donc des demandes exprimées ou latentes qui ont besoin d'être satisfaites en vue de la survie et du développement de l'individu ou d'une

---

[2] https://www.toupie.org/Dictionnaire/Besoin.htm (consulté le 19/03/2023)

communauté. Les besoins guident, orientent et sont au cœur de l'activité économiques.

Classification

Les besoins ont fait l'objet des travaux de recherches de plusieurs auteurs et spécialistes. Les plus connues de ces études sont essentiellement celles d'Abraham Maslow réalisées en 1942. A. Maslow répartit les besoins en cinq (5) niveaux et sous forme de pyramide comme ci-dessous. Les cinq classes sont ensuite regroupées en trois (3) groupes de besoins comme indiqué sur la pyramide.

Avec l'évolution des sciences et les critiques par rapport à cette classification hiérarchisée des besoins humains, Maslow va, en 1970, ajouter 3 autres besoins, à savoir :

> Le « *besoin cognitif (cognitive need), le besoin de savoir et de comprendre. Également, le besoin esthétique (Aesthetic need) et le besoin de transcendance, de dépassement de soi. Au sujet de la réalisation personnelle, A. Maslow évoque les expériences paroxystiques (Peark Experiences), c'est-à-dire les moments de bonheur, d'extase et de vécu intense*[3]. »

Malgré ces ajouts, les critiques du modèle Maslow ont continué pour aboutir sur d'autres modèles, dont principalement celui de la chercheuse américaine Susan Fiske[4] dénommé en 2004 du modèle BUC(K)ET. Il répartit les besoins en cinq (5) catégories, voir encadré ci-dessous.

---

[3] https://my-psychologie.com/2018/06/20/faut-il-oublier-la-pyramide-de-maslow/ (consulté le 19/03/2023)

[4] Fiske, S. T. (2004). Social beings: A core motives approach to social psychology. 14-24. John Wiley & Sons.

Susan Fiske est une chercheuse américaine en psychologie. En 2004 et après une large revue de la littérature sur le sujet, elle propose que nous sommes motivés à satisfaire cinq motifs essentiels[5]. Elle les regroupe sous l'acronyme BUC(k)ET pour :

- **B**elonging (appartenir)
- **U**nderstanding (comprendre)
- **C**ontrolling (contrôler)
- self-**E**nhancing (améliorer son Soi)
- **T**rusting (faire confiance)

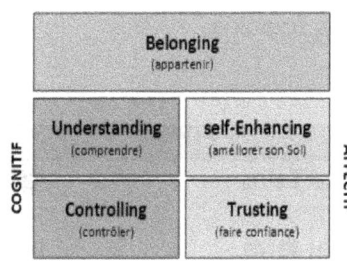

Les 5 éléments du modèles BUC(k)ET

Source :
https://laboragora.com/index.php/2018/03/12/depasser-maslow-le-modele-bucket/

En résumé, les besoins sont des états de privation, de manque dont la satisfaction est indispensable à la vie individuelle et collective. Ils « *sont au cœur même de l'activité économique puisque leur existence est la raison d'être de la production[5].* »

---

[5] https://www.lefrancaisdesaffaires.fr/wp-content/uploads/2016/05/besoins.pdf (consulté le 19/03/2023)

Désirs

Avec la Fondation canadienne d'éducation économique (FCEE), on peut définir le désir comme « *une façon de répondre à ses besoins de façon plus stylée, plus confortable ou plus simple.* » Un désir peut être satisfait par des substituts, ce qui n'est pas le cas des besoins.

Besoin	Désir
J'ai faim	Je veux manger du sandwich
J'ai faim	Je veux aller manger au restaurant
J'ai besoin d'un téléphone cellulaire	Je veux un IPhone 14

Planifier

Les besoins étant hiérarchisés, il est conseillé de planifier leur atteinte (réalisation). Sur le plan financier cela passe par plusieurs actions, dont la planification budgétaire, successorale, les investissements et la connaissance de notre état de richesse individuelle à travers le bilan. Tous ces points seront développés plus tard dans cet ouvrage.

Facteurs qui influencent nos décisions financières

Vivants en société et avec le besoin de reconnaissance, nos décisions, surtout celles financières, quel que soit le niveau de notre objectivité et d'indépendance, sont influencées par plusieurs facteurs.

En tant que jeunes, nous sommes ou pouvons être particulièrement influencés par les facteurs et élément suivants.

- **_Les émotions._** Les émotions influencent grandement nos décisions. Leurs effets sur les prises de décisions sont encore plus importants au niveau de la jeunesse. Les achats impulsifs sont très souvent la conséquence, soit des émotions, soit de l'influence des amis.

- **Les amis et les pairs.** Le cercle des amis et des pairs, surtout lorsqu'on est adolescent et jeune, joue un rôle capital dans les prises de décisions. Les raisons sont toutes simples, et parmi toutes, il y a le désir de ressemblance

et d'appartenance.

Source :
https://www.psychologies.com/Actualites/Education/L-amitie-fait-elle-toujours-du-bien-aux-adolescents

- **Les membres de la famille** (ceci se ressent au niveau des études, des cérémonies de mariages, des équipements, …)

- **Les coutumes, les traditions et les habitudes.** Leur influence sur les décisions financières s'observe surtout lors les cérémonies de mariage, de baptême, des obsèques, de graduation, de l'habillement, …

- **_Les dernières modes_** (désir de conformité, de ressemblance, d'appartenance, ...)

1*https://frencholss.weebly.com/la-mode/a-votre-avis-pourquoi-les-jeunes-suivent-ils-la-mode*

- **_La publicité._** Elle est omniprésente partout de nos jours, très agressive et très orientée. Elle cible les émotions ou renforce les effets des émotions qui créent très souvent une distorsion dans la capacité de prise de décision objective et libre.

Source : http://action-marketing.over-blog.com/2017/09/les-enjeux-des-affiches-publicitaires-sur-la-decision-des-clients.html

- ***La carotte***, c'est-à-dire les offres qui cachent des pièges. Par exemple pour des habits, on voit souvent des offres telles : achetez un et prenez le 2ᵉ à moitié prix. Si vous acceptez cette offre, alors que vous n'avez planifiez que pour l'achat d'un seul habit, vous avez succombé à la carotte.

- ***Vos valeurs et votre confiance en vous***. Nous reviendrons amplement sur les valeurs dans les prochaines pages.

2https://www.penserchanger.com/systeme-de-valeurs/

Récapitulatif

Les besoins sont essentiels et indispensables à la vie quotidienne.

Les désirs permettent de répondre à ou de combler nos besoins.

Les besoins et les désirs orientent nos actions et plans.

Ces décisions et plans en vue de la satisfaction de nos besoins et désirs sont influencés par plusieurs facteurs.

Nos plans sont orientés dans le but de réaliser nos objectifs et ont pour fondement nos valeurs.

Chapitre II : Objectifs – Valeurs et Comportements

Il est essentiellement question dans ce chapitre d'aborder trois (3) éléments du cadre de référence de toute organisation et de tout individu qui vise ou connait le succès. Il s'agit des *objectifs*, ce que poursuit l'individu ou l'organisation; des *valeurs*, c'est-à-dire les principes qui gouvernent l'organisation ou l'individu dans la poursuite de ses objectifs; et des *comportements* ou des attitudes qu'adopte tout agent économique en vue de la réalisation de ses buts. Nous nous limiterons, et dans le cadre de cet ouvrage, à ces éléments fondamentaux du cadre de référence des leaders et des gagnants.

Objectifs

Définition

Comme décrit dans mon ouvrage sur le Leadership en 2019, « *L'objectif, en langage simple, est le but (goal en anglais) à atteindre, là où on veut se rendre dans un futur proche ou lointain*[6]. »

---

[6] Sani, Y. A., Le leadership à l'ère de l'information, Éditions DhArt, 2019

Les objectifs sont des résultats que l'on veut atteindre.

« Ce sont des buts que vous vous fixez vous-même[7]. »

Exemple : **« *Épargner 75 $ chaque mois au cours des cinq prochaines années pour un total de 4 500 $ dans un compte d'épargne afin de constituer un fonds d'urgence[8].* »**

Caractéristiques

Comme vu dans la précédente section, les objectifs sont ce qui guide nos pratiques, nos actions et reflètent ce qui a de l'importance dans notre vie ou celle d'une organisation. Et pour ce faire, ils sont différents des vœux, donc respectent certains critères.

> *« Pour qu'un objectif ne soit pas un rêve ou vœu pieux, il doit répondre aux cinq critères réunis dans l'acronyme **SMART**. Il doit donc être **S**pécifique, **M**esurable (quantifiable), **A**tteignable, **R**éaliste et **T**emporel (défini dans le temps)[9]. »*

---

[7] FCEE & IG, Les jeunes et l'argent
[8] https://ised-isde.canada.ca/site/bureau-surintendant-faillites/fr/alintention-syndics-autorises-insolvabilite/programme-consultation-insolvabilite/etablir-vos-objectifs-financiers (consulté le 20/03/2023)
[9] Sani, Y. A., Idem

Voyons deux exemples.

1- *"Je veux prendre des vacances et me rendre dans un lieu paradisiaque"*. Ceci n'est pas un objectif, mais un souhait. Il n'est ni spécifique, ni mesurable, ni quantifiable.

2- Akwaba, une jeune entrepreneure formule, avec son équipe, l'objectif qui suit au début de leur année fiscale : **"Augmenter notre chiffre d'affaires de 2% dans 12 mois"**. Cette formulation est un objectif. Voyons cela à travers le tableau suivant :

Caractéristiques	Exemple / Élément
Spécifique	Elle sait exactement ce que son entreprise doit réaliser en 12 mois
Mesurable	2% sur les 12 prochains mois
Atteignable	2% est réalisable dans un contexte de croissance économique
Réaliste	2% permettraient de contrer les effets de l'inflation des prix et d'éviter des pertes
Temporel	12 mois, soit un exercice fiscal

Les horizons des objectifs

Les objectifs peuvent viser trois termes :

Terme	Horizon temps	Exemple
Court terme	0-12 mois	Aller en vacances au Bénin et visiter le Parc W.
Moyen terme	+1 – 5 ans	Acheter sa première voiture qui coûte 25K$ dans 4 ans sans prendre de crédit.
Long terme	5 ans et plus	Finir de payer mon hypothèque dans 10 ans.

L'atteinte des objectifs à court terme permet la réalisation de ceux à moyen et long termes.

Pratique : la fixation des objectifs

Selon la Fondation canadienne d'éducation économique (FCEE), la fixation des objectifs suit six

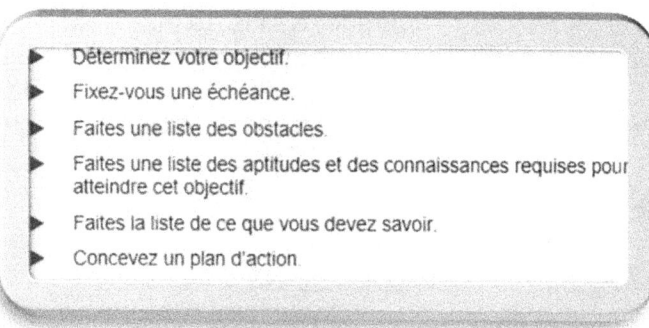

(6) étapes que sont :

Types d'objectifs financiers

Il existe plusieurs types d'objectifs financiers. Ils sont simples et dépendent de la situation de chaque personne.

Il s'agit de donner quelques exemples de ces objectifs financiers SMART. Pour plus d'exemples, le lecteur pourra consulter le site du gouvernement du Canada en note de bas de page[10].

Étant donné qu'un individu a ou peut avoir plusieurs objectifs financiers, il est recommandé de les classer en ordre de priorité. Cela permet de rester concentré et de les réussir. Ces niveaux de priorités peuvent être en couleur (rouge, jaune, vert, …) ou en chiffres (1, 2, 3, …).

Tableau de quelques objectifs financiers SMARTS

Priorité	Objectifs financiers
1, 2, 3, 4, 5	Ouvrir un compte de placement (d'épargne) d'ici le 15 mai 20X3
1, 2, 3, 4, 5	Épargner 300$ par mois afin d'amasser 3600$ d'ici le 30 juin 20X4 pour mes vacances (à Las Vegas, au Parc W du Bénin, …)

---

[10] https://ised-isde.canada.ca/site/bureau-surintendant-faillites/sites/default/files/attachments/2022/Outil-pour-letablissement-des-objectifs-financiers-FR.pdf (consulté le 29/03/2023)

1, 2, 3, 4, 5	Réduire mes dépenses de restaurants de 10,000FCFA par mois afin d'épargner 120,000FCFA[11] pour mes dépenses de fin d'année 20X3
1, 2, 3, 4, 5	Épargner 100€ par mois afin d'amasser 2,400€ d'ici le 31 décembre 20X4 pour le dépôt de l'achat de ma 1ᵉ voiture
1, 2, 3, 4, 5	Épargner 300$ par mois afin de constituer d'ici le 30 septembre 20X3 un fonds d'urgence de 2,700$

Après l'établissement de la liste de tous tes objectifs financiers, il faut choisir les trois (3) principaux et les plus urgents. Il faut ensuite classer ces 3 principaux par priorité. Cela permet de bien les exécuter afin qu'ils ne deviennent pas, malgré leur caractère SMART, des vœux ou des souhaits.

Il existe sur le net d'innombrables outils d'aide à l'établissement et au suivi des objectifs. Je mets en note de bas de page quelques-uns[12]. Ces outils viennent en appui au caractère de l'épargnant fondé sur ses valeurs et comportements.

---

[11] FCFA = Franc des Colonies Françaises d'Afrique, unité monétaire de certains pays francophones de l'Afrique.
[12] Calculatrice d'objectifs financiers - Canada.ca (fcac-acfc.gc.ca) et Agence de la consommation en matière financière du Canada - Canada.ca (consultés le 29/03/2023)

Valeurs

Définition

Les valeurs sont des principes qui guident, fondent et déterminent les comportements d'une entité, qu'elle soit individuelle ou organisationnelle.

Ces principes peuvent être moraux, familiaux et sociétaux.

Les valeurs sont des principes qui permettent à des agents économiques de prendre des décisions.

Elles guident les actions et les jugements de chaque individu et organisation.

Les valeurs représentent ce qui, selon chacun, a de l'importance dans la vie.

« *Les valeurs fondent la crédibilité et l'équité d'un leader et d'une organisation.* » (Sani, Y. A., 2019)

Quelques exemples

1- **Forces armées canadiennes**: " *devoir, loyauté, intégrité et courage[13].* "

---

[13] http://www.forces.gc.ca/fr/honneurs-histoire-enseignants-ressources/valeurs-canadiennes.page (consulté le 13/05/2018)

2- **École de Gestion Telfer** : *Travail d'équipe* (collaboration et collégialité); *Excellence* (en matière d'enseignement, de recherche et de soutien professionnel); *Leadership* (par l'entremise de l'apprentissage, de la découverte et du perfectionnement); *Fun* (esprit, fierté et équilibre); *Engagement* (envers les étudiants, la faculté, le personnel et la communauté); *Responsabilité* (intégrité, service, responsabilité sociale, durabilité)[14].

3- Bank of Africa (BOA) : « Notre banque possède une clientèle diversifiée qui trouve chez nous *écoute*, *expertise* et *solutions* »

D'où nous viennent les valeurs?

Les valeurs nous viennent de diverses sources.

Selon le document conjoint de la FCEE et du Groupe Investors, on peut lire :

---

[14] http://www.telfer.uottawa.ca/fr/a-propos/vision-mission-et-valeurs (consulté 13/05/2018)

> ▶ De la famille
> ▶ Des amis
> ▶ Des pairs
> ▶ Des rôles modèles
> ▶ D'un conjoint - ou de personnes que l'on admire

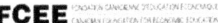 

Pratique

Quelles sont tes trois (3) valeurs en tant qu'être libre et visionnaire et surtout qui te feront réussir tes objectifs financiers SMART?

Trouve sur le site internet de trois organisations (en particulier financières) et ou individus (célébrités) leurs valeurs.

Pourrais-tu identifier, au vu des faits, quelles sont les valeurs de ta famille? De ton école (université)? De ton organisation?

Pourquoi est-il important de connaître les valeurs des autres, surtout des organisations, de nos voisins, de tes idoles et de nos pairs?

Ces valeurs sont-elles en alignement avec les tiennes?

Comportements

Les comportements sont en fait les activités quotidiennes et la traduction en actes de nos pensées. Ils traduisent le fonctionnement de l'individu, de l'organisation ou de l'entité socio-économique.

« *Les comportements, (…), définissent les attitudes clés que tout employé de l'entreprise, du top management à la base, doit mettre en œuvre en **cohérence** avec les valeurs dans son travail quotidien*[15]»

Les comportements déterminent ou conditionnent la réussite de nos objectifs.

Par exemple si mon objectif financier est : « *Réduire mes dépenses de restaurants de 10,000FCFA par mois afin d'épargner 120,000FCFA pour mes dépenses de fin d'année 20X3* », un de mes comportements sera la réduction de mes fréquentations des restaurants et, un autre qui est lié à cette réduction du nombre de fois où je vais au

---

[15] Emmanuel Toniutti, Des valeurs aux comportements (www.iecg.eu.com)

restau par mois, serait la réduction du budget affecté au restaurant.

Récapitulatif

Concluons ensemble ce chapitre en citant Emmanuel Toniutti qui nous livre une vision pratique des Valeurs : *"Le tout n'est pas de définir des valeurs mais également de les partager et de les faire vivre."* Au terme de ce chapitre, il convient de retenir que :

- ❖ Les objectifs SMART sont l'affirmation des résultats spécifiques qui doivent être atteints par une organisation ou un leader

- ❖ Les valeurs sont des principes de base qui sous-tendent les actions d'un leader, d'un individu et d'une organisation

- ❖ Les comportements, constituent des attitudes et des agirs d'un leader et ou d'une organisation.

L'une des conditions de réussite de vos objectifs financiers SMART est de rendre explicites vos objectifs, valeurs et comportements à votre entourage. Le respect de vos valeurs et l'alignement de vos comportements sur vos objectifs et vos valeurs doivent être clairs et connus de votre entourage. Rappelez-vous que *"tout choix implique un sacrifice, un renoncement!"*

Chapitre III : Revenus

Ce chapitre aborde la question de revenu des particuliers et en l'occurrence des jeunes. Les agents économiques, qu'ils soient physiques ou moraux, tirent des revenus de leurs activités. Pour faire face à leurs besoins et désirs, puis de leurs décisions financières; les individus sont obligés de disposer de revenus. Il s'agit de passer en revue les définitions de ce concept, ses sources et ses types.

Définition

Pour ne pas embrouiller le jeune lecteur, il s'agira de se limiter ici à la définition juridique du revenu.

Selon le dictionnaire Robert, un revenu est « *Ce qui revient à quelqu'un comme rémunération du travail ou fruit du capital.* »

La rémunération peut être en nature ou monétaire.

Un revenu de particulier est une entrée d'argent.

Sources des revenus

Source : https://www.trezorino.com/fr/blog/les-flux-de-revenus-definition-types-importance-avantages-et-inconvenients/

Tes revenus, comme de tout individu, peuvent provenir de plusieurs sources. En voici quelques-unes :

1- **Salaires** : selon le dictionnaire en ligne Larousse, le salaire est « *toute somme versée en contrepartie d'un travail effectué* *par une personne, dans le cadre d'un contrat de travail[16].* »

2- **Commissions** : certains employés sont payés selon un pourcentage du chiffre d'affaires ou de la marge bénéficiaire de l'entreprise pour laquelle ils travaillent. Le pourcentage est fixe, mais la commission dans sa valeur n'est pas fixe, car elle est fonction du rendement du travailleur ou partenaire, contrairement au salaire qui est fixe d'une période à l'autre.

3- **Bourses d'études** : « *Aide financière non remboursable accordée à un étudiant pour l'aider à poursuivre ses études[17].* » Cette aide financière peut être l'œuvre d'un gouvernement, d'un organisme, d'une fondation, d'individus donateurs, …

---

[16] https://www.larousse.fr/dictionnaires/francais/salaire/70629 (consulté le 0104/2023)

[17] https://vitrinelinguistique.oqlf.gouv.qc.ca/fiche-gdt/fiche/8366829/bourse-detudes#:~:text=D%C3%A9finition,aider%20%C3%A0%20poursuivre%20ses%20%C3%A9tudes. (consulté le 01/04/2023)

4- ***Investissements*[18] *(financiers)*** : il s'agit des dépenses engagées en vue de rendements futurs. C'est l'exemple de l'immobilier, des épargnes, des placements et transactions en bourses financières comme l'achat des actions, des fonds mutuels, assurances, …

Source : https://www.dreamstime.com/photos-images/income-sources.html

5- ***Bénéfices*** : encore appelés gains, c'est un « *profit réalisé dans une opération financière,*

---

[18] https://www.boursedescredits.com/guide-guide-investissement-financier-876.php (consulté le 01/04/2023)

commerciale, dans une activité à but lucratif[19]. »

6- **Transferts gouvernementaux**[20] : il s'agit d'un éventail de revenus provenant des gouvernements. En fonction des pays, on peut citer pêle-mêle: l'assurance-emploi ou le chômage, les allocations familiales, prestations fiscales pour enfants, …

7- **Aubaines** : « *Profit inattendu, avantage inespéré ; occasion qui présente cet avantage : Profiter de l'aubaine.* » (Larousse en ligne)

8- **Dons / cadeaux** : essentiellement et dans le cadre de cet ouvrage, cadeaux monétaires reçus d'une tierce personne, qu'elle soit physique ou morale.

---

[19] https://www.larousse.fr/dictionnaires/francais/b%C3%A9n%C3%A9fice/8729#:~:text=1.,le%20b%C3%A9n%C3%A9fice%20de%20son%20intervention.&text=2.,une%20activit%C3%A9%20%C3%A0%20but%20lucratif. (consulté le 01/04/2023)

[20] https://www150.statcan.gc.ca/n1/pub/75-202-x/2003000/4071471-fra.htm#:~:text=Les%20transferts%20gouvernementaux%20englobent%20tout,donn%C3%A9%20naissance%20%C3%A0%20un%20enfant. (consulté le 01/04/2023)

9- **Héritages** : il représente « *tout ce qui est transmis, après la mort d'une personne, par voie de succession, à sa famille ou à toute autre personne pouvant légalement y prétendre (les héritiers)*[21]. »

Je décide de me limiter à ces quelques exemples de sources de revenus. L'objectif de cette section n'est d'ailleurs pas d'en faire une liste exhaustive, mais d'en identifier quelques-unes afin de permettre au lecteur de dresser sa propre liste.

Types

Je fais le choix de simplifier les types de revenus, ce travail étant destiné au grand public, en les répartissant en fixes et en occasionnels. Voir quelques exemples dans les tableaux ci-dessous.

---

[21] https://www.toupie.org/Dictionnaire/Heritage.htm (consulté le 01/04/2023)

Tableau A- Revenu mensuel fixe (RMF)

Revenu	*Montant ($, €, FCFA[22], …)*
Salaire / argent de poche	
Bourses d'études	
Intérêts	
Autres	
….	
TOTAL (RMF)	

Note : dans le souci de faire simple et de ne pas embrouiller le lecteur, je me limite à la notion de revenu qui représente le revenu net. Le revenu net est le résultat du revenu brut (salaires et commissions surtout) diminué des déductions à la source (impôts et charges sociales). Cette précision est / sera capitale plus loin au moment de l'établissement du budget personnel

---

[22] Unité monétaire de certains pays de l'Afrique francophone (FCFA = "franc des Colonies Françaises d'Afrique")

Tableau B- Revenu occasionnel (RO)	
Revenu	Montant ($, €, FCFA, ...)
Remboursement d'impôt	
Cadeaux / Dons	
Aubaines	
Bonus	
Autres	
....	
TOTAL (RO)	

Il faut calculer le RO mensuel en divisant le Total RO annuel par 12. Cette opération nous donne le Revenu occasionnel mensuel (ROM).

Le Revenu mensuel moyen (RMM) s'obtient en faisant la somme du RMF et du ROM

$$RMM = RMF + ROM$$

Figure 3: https://plus-riche.com/secret-de-la-richesse

Récapitulatif

Quand bien même tout en étant jeune, voire même adolescent, nous disposons des revenus qui nous proviennent de diverses sources.

Ces sources de revenus peuvent être classées en deux (2) catégories : Revenus mensuels fixes (RMF) et Revenus occasionnels mensuels (ROM)

Nos revenus nous permettent de faire face à nos charges et dépenses.

Chapitre IV : Dépenses

En corrélation avec le chapitre précédent qui a porté sur les revenus, la présente section aborde la question des dépenses des particuliers, en l'occurrence les adolescents et jeunes. Tout individu, et surtout membre de notre société contemporaine de consommation à outrance fait face à des dépenses de consommation.

Figure 4: https://thepressfree.com/definition-des-depenses-de-consommation/

Définition : Dépenses de consommation

Une dépense est une sortie d'argent.

Tout l'argent que tu utilises en biens et services finaux constitue tes dépenses de consommation.

« *Les dépenses de consommation sont l'argent total dépensé en biens et services finaux par les particuliers et les ménages pour leur usage et leur plaisir personnels dans une économie*[23]. »

Types

La simplification ayant pour fin la compréhension de tout lecteur me pousse à opter pour la division en deux catégories, les dépenses des individus et des ménages. Il s'agit des dépenses fixes et des dépenses variables.

Dépenses mensuelles fixes / récurrentes

Il s'agit des dépenses qui reviennent chaque mois, donc récurrentes. La fixité n'est pas liée à leurs montants qui seraient invariables, mais à leur périodicité ou caractère mensuel.

Exemples : logement, électricité, télécommunication, nourritures, …

---

[23] https://thepressfree.com/definition-des-depenses-de-consommation/ (consulté le 02/04/2023)

Tableau d'exemples de Dépenses mensuelles récurrentes (DMR)	
Dépenses	*Montant ($, €, FCFA, ...)*
Coûts d'hébergement (logement)	
Versements prêts automobile	
Versements pour autres prêts	
Assurances automobiles	
Services publics (électricité, eau, gaz, ...)	
Télécommunication (téléphone, Internet, ...)	
Autres	
Total DMR	

Dépenses variables (occasionnelles) / annuelles

Leur caractère variable dépend du fait qu'elles ne sont pas régulières. Elles sont ramenées sur une base annuelle pour ensuite les diviser par 12 afin de trouver leurs valeurs mensuelles.

Exemples : Vacances, cadeaux / dons, frais de scolarité (d'études), vêtements, …

Tableau d'exemples de Dépenses occasionnelles (DO)	
Dépenses	***Montant ($, €, FCFA, …)***
Restaurants	
Vêtements	
Dépenses de scolarité	
Vacances / voyages	
Soins de santé	
Soins personnels	
Cadeaux et dons	
Autres	
Total DO	

Total DO divisé par 12 = dépenses occasionnelles mensuelles (DOM)

> **Dépenses mensuelles moyennes (DMM) :**
>
> **DMM = DMR + DOM**

Solde

En attendant d'aborder cette notion plus amplement dans la section consacrée au budget, je voudrais faire une présentation schématique de la différence entre les revenus et les dépenses mensuelles d'un individu.

Si RM est supérieur aux DM, le solde sera positif, on parle de **solde excédentaire.**

> Solde = Revenu mensuel (RM) – Dépenses mensuelles (DM)

Si RM est inférieur aux DM, le solde sera négatif, on parle de **solde déficitaire**.

L'objectif est d'avoir un solde excédentaire, les soldes déficitaires requièrent de chacun des actions en vue d'une réduction des dépenses.

Prendre le contrôle des dépenses

Veux-tu prendre le contrôle de tes dépenses? Il te suffit de devenir un consommateur avisé, celui qui :

- Compare les prix avant d'acheter, tout en préservant la qualité. Si possible, compare sur Internet.

- Trie ses dépenses.

- Fait attention aux fausses promotions.

- Planifie pour ses dépenses occasionnelles.

- Utilise sagement le crédit et les cartes de crédit.

- Épargne de l'argent.

- Investit sagement son argent.

- Suit soigneusement un budget.

- Ne fait donc pas des achats impulsifs.

- Résiste aux tentations

- Donne de ce fait un ordre de priorité aux dépenses, quitte à remettre certaines dépenses à plus tard, celles qui ne sont pas prioritaires et dont l'exécution risque de faire dépasser ou déséquilibrer son budget

- Se fixe des objectifs et des priorités financières.

- Comprend ses désirs et ses besoins.
- Coupe dans ses dépenses en changeant de comportements et d'habitudes.

Exemples[24] :

1 café par jour à 2$, c'est 729,60$ par an,

1 paquet de cigarettes par jour à 10,50 euros, c'est 3 830,40 euros par an, etc.

Récapitulatif

La satisfaction de nos besoins et de nos désirs a pour conséquence pour chaque individu d'avoir des dépenses de consommation.

Les dépenses sont de deux types : les dépenses récurrentes et celles occasionnelles.

Sans un suivi et maîtrise de nos dépenses, elles risquent d'être supérieures à nos revenus. Dans ce cas, la nécessité de consommation va pousser à recourir à d'autres sources de liquidité que nos revenus qui sont insuffisants : le crédit

---

[24] https://www.lesclesdelabanque.com/particulier/apprendre-a-maitriser-ses-depenses/ (consulté le 04/04/2023)

Chapitre V : Le Crédit

Il peut arriver que nos revenus disponibles soient plus petits que nos dépenses, ou que nous soyons devant une opportunité d'affaires, mais que nous ne disposons pas de fonds (d'argent) nécessaire pour saisir cette aubaine, alors nous pouvons être emmené à recourir aux crédits.

Définition

Un crédit est une somme qu'une tierce personne (morale ou physique) met à la disposition d'une autre. C'est une avance ou un prêt fait par quelqu'un à un autre.

Figure 5: https://www.kg-credit.fr/magazine-le-mag-article-le-credit-foncier-de-france-76.html

« *Un crédit est une mise à disposition d'argent sous forme de prêt, consentie par un créancier (prêteur) à un débiteur (emprunteur)*[25]. »

Types de crédits

Il existe deux grandes catégories de produits de crédit. Il y a les crédits qui ne nécessitent aucune garantie et ceux qui sont garantis.

---

[25] https://fr.wikipedia.org/wiki/Cr%C3%A9dit (consulté le 06/04/2023)

- ***Crédits sans garantie*** : sans réclamation légale sur les actifs de l'emprunteur en cas de défaut de paiement.

- ***Crédits avec garantie*** : le prêteur détient un droit légal sur les actifs de l'emprunteur en cas de défaut de paiement. Exemple d'actifs : terrain, maison ou immeuble, voitures, bateaux, équipements, …

L'image ci-dessous est l'exemple du cas du Canada quant aux types et conditions de crédits.

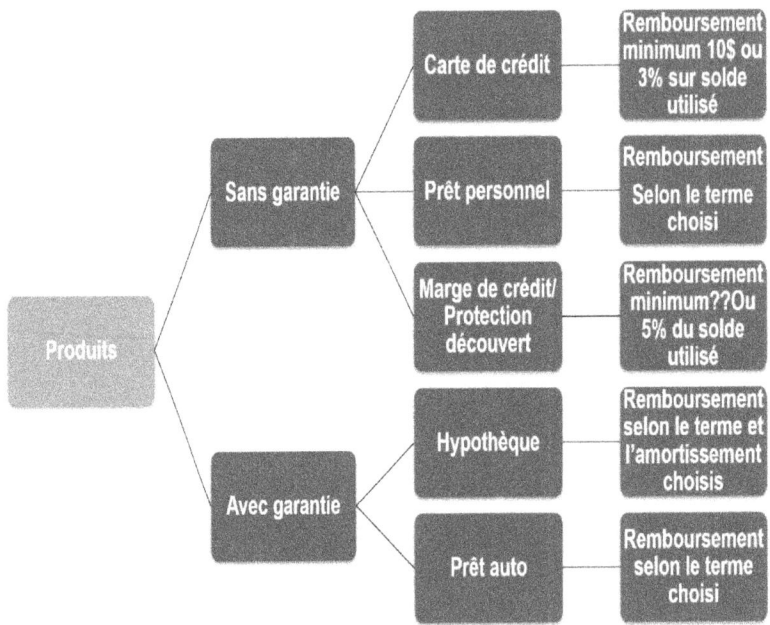

Pourquoi emprunte-t-on de l'argent?

Nous empruntons pour plusieurs raisons, dont la plupart sont bonnes. D'ailleurs et idéalement, nous ne devrions emprunter c'est-à-dire contracter du crédit que seulement pour de bonnes raisons.

- Nos revenus sont inférieurs à nos dépenses; nos passifs sont plus élevés que nos actifs
- Les dépenses imprévues
- Les familles ou obligations familiales (surtout pour les immigrants)
- Les « gros achats »
- Les investissements
- Les études et la formation
- Les opportunités
- Les jours de pluie

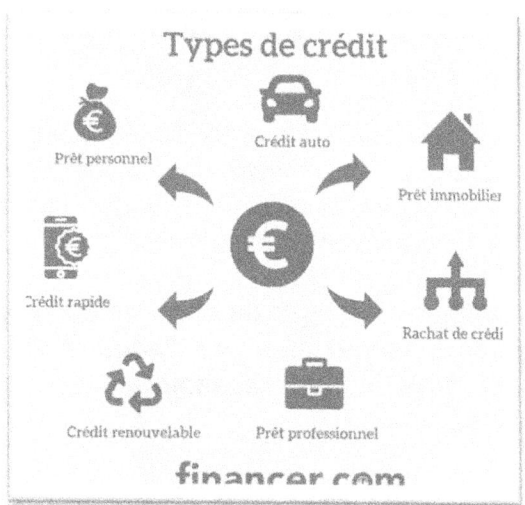

Les prestataires de services financiers

Il peut arriver, et c'est d'ailleurs très fréquent, d'obtenir de crédit d'un membre de famille ou d'un ami. Cependant, les crédits faisant partie des services financiers, la législation impose qu'ils ne soient accordés que par des institutions financières : les prestataires de services financiers. Il s'agit principalement des :

Banques

« *Une banque est une institution financière essentielle qui collecte l'épargne, accorde des prêts et met à la disposition des clients des moyens de paiement. Bien encadrée, elle est un puissant levier de développement économique, mal encadré, l'activité bancaire est source d'instabilités et de crises*[26]. »

Les banques jouent des rôles d'intermédiaires entre les épargnants et ceux qui obtiennent des crédits. Elles fournissent essentiellement des services de dépôts, de crédits et de paiements.

Il existe plusieurs types de banques que sont : **les banques commerciales, les banques d'affaires, les banques d'investissements, les banques centrales**.

---

[26] https://www.economie.gouv.fr/facileco/banque#:~:text=Une%20banque%20est%20une%20institution,d'instabilit%C3%A9s%20et%20de%20crises. (consulté le 12/04/2023)

Agences et sociétés de courtage

Une agence de courtage est un intermédiaire entre un professionnel et un consommateur. Elles opèrent dans le domaine des assurances, des immobiliers, des finances.

« *Une société de courtage a pour but de faciliter les relations entre professionnels et consommateurs, que ce soit pour l'obtention d'un prêt par exemple ou d'une assurance[27].* »

Fiducies[28]

Trust dans le monde anglo-saxon, la « **fiducie est un acte qui consiste à confier temporairement** *la gestion d'un patrimoine à une tierce personne pour l'atteinte d'objectifs allant au profit d'un bénéficiaire. Trois entités sont parties prenantes à un contrat de fiducie, à savoir :*

- ***Le constituant*** *est la personne qui confie ses biens ou ses droits en gestion provisoire.*

---

[27] https://www.legalvision.fr/guides-juridiques/metier/creer-une-societe-de-courtage-tous-les-conseils-des-experts/#:~:text=Une%20soci%C3%A9t%C3%A9%20de%20courtage%20a,souvent%20primordial%20pour%20l'avenir. (consulté le 12/04/2023)

[28] https://avegoacademie.ca/2-outils-fiscaux-a-connaitre-absolument-2/ (consulté le 12/04/2023)

- *Le fiduciaire est la personne physique ou morale à qui la gestion du patrimoine est confiée afin d'atteindre des objectifs déterminés avec le constituant.*

- *Le bénéficiaire est la personne à laquelle iront les profits définis dans les objectifs du contrat de fiducie. Le bénéficiaire peut être le constituant, le fiduciaire ou un tiers. »*

Quelques conditions d'obtention de crédit

Le crédit met en relations deux parties : le client et l'institution financière qui offre le crédit. Chaque partie voulant tirer le maximum de profit de la transaction, dispose de ses conditions. Toutefois, l'institution prêteuse, du fait de son statut, accorde une attention particulière à certains aspects de la vie du demandeur.

La solvabilité

Pour vous accorder un crédit, l'institution scrutera soigneusement votre solvabilité. Pour ce faire :

- ▶ Si vous voulez qu'une institution financière vous prête de l'argent, vous devrez prouver que vous pourrez probablement rembourser le prêt.
- ▶ L'institution voudra connaître votre « solvabilité ».

▶ La solvabilité indique à une institution de crédit si vous aurez tendance à rembourser le crédit

La solvabilité prend en compte trois (3) caractéristiques du consommateur. C'est l'ensemble des *3C*.

1. **Le Capital** : ce que vous possédez

2. **Le Caractère** : la preuve que l'emprunteur est une personne responsable. Ceci concerne l'historique de vos crédits, de vos comportements en matière de remboursement ou de paiement de vos dettes et factures passées.

3. **La Capacité** : La capacité de quelqu'un à porter la dette. Ici on prend en compte votre revenu disponible et vos dépenses y compris les dettes. Il s'agit du calcul de votre ratio de solvabilité, encore appelé Taux

d'endettement. Pour les institutions dans beaucoup de pays, la charge de remboursement ne doit pas dépasser 33 à 35 % du revenu disponible.

La cote de crédit

Dans certains pays, comme le Canada, les citoyens connaissent leur cote de crédit.

«*Selon la définition du Gouvernement du Canada, une cote de crédit est un numéro à 3 chiffres attribué par une agence d'évaluation du crédit qui sert à évaluer la probabilité que vous payiez vos factures à temps*[29].»

---

[29] https://www.td.com/ca/fr/services-bancaires-personnels/comment-faire/quest-ce-quune-bonne-cote-de-credit (consulté le 12/04/2023)

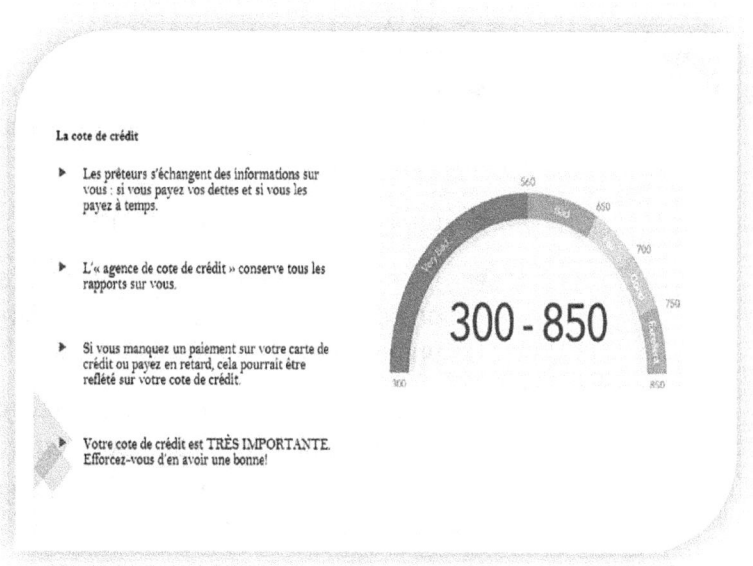

Le coût du crédit

Les crédits mis à la disposition des consommateurs ont un coût. Il s'agit du montant des intérêts payés sur emprunt par un consommateur. Cela constitue le coût du crédit.

Le montant des intérêts est en fonction de plusieurs facteurs, dont principalement :

> ▶ La durée du remboursement de l'emprunt. Plus la durée du prêt est

longue, plus élevés sont les intérêts payés.

- ▶ La cote de crédit et le « risque » que l'emprunteur ne soit pas en mesure de rembourser le prêt.
- ▶ La « solvabilité » du créancier.
- ▶ La nature de l'emprunt : emprunte-t-on pour acheter une maison ou fait-on un achat avec une carte de crédit?

Les trois (3) facteurs déterminent le taux d'intérêt qui est appliqué au débiteur. Ce taux joue un rôle important sur le montant total des intérêts payés ou payables.

Chaque emprunteur doit rembourser le capital (montant emprunté) et les intérêts (le coût du crédit).

Exemples : supposons qu'Ayaba emprunte 2000$ pendant *1 an* à un taux d'intérêt de *7%.*

Elle doit, à l'échéance rembourser un montant total de 2140$, soient le capital qui est de 2000$ et les intérêts qui se chiffrent à 140$.

Si le prêt était consenti pour une période de *2 ans* et au même taux d'intérêt de *7%,* elle paierait à l'échéance un montant total de 2289.8$

Par contre si le crédit était accordé pour *1 an* mais à un taux de *5%*, elle paierait à terme un montant capital + intérêts de 2100$.

Quelques avantages du Crédit

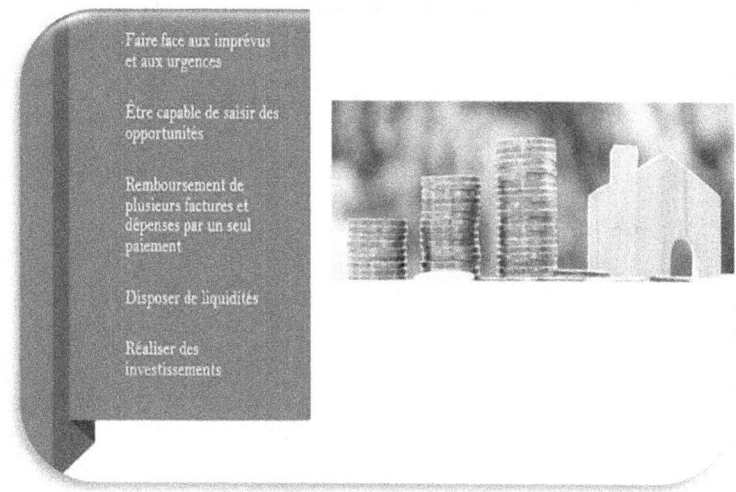

- Faire face aux imprévus et aux urgences
- Être capable de saisir des opportunités
- Remboursement de plusieurs factures et dépenses par un seul paiement
- Disposer de liquidités
- Réaliser des investissements

Inconvénients du crédit

Les crédits peuvent avoir plusieurs inconvénients, surtout pour les jeunes. L'accès au crédit peut :

- ▶ Inciter à vivre au-dessus de ses moyens.
- ▶ Pousser à effectuer des dépenses non contrôlées et non planifiées.
- ▶ Empêcher la réalisation de nos objectifs financiers.
- ▶ Pousser à l'endettement, voire le surendettement.

▶ Conduire à des problèmes de santé mentale.

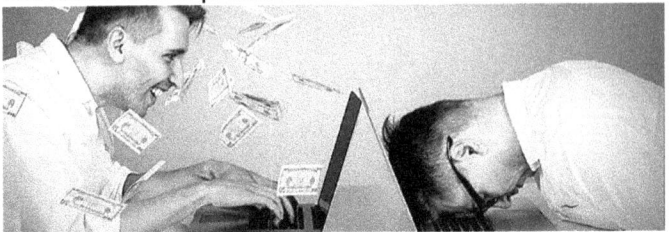

Récapitulatif

La réalisation de nos objectifs financiers peut nous emmener à recourir au crédit.

Il existe plusieurs types de crédits et divers types d'institutions prêtreuses. Ces prestataires de services financiers prennent en compte plusieurs facteurs et conditions pour déterminer l'éligibilité d'un consommateur au crédit.

Quand un individu en tant que consommateur veut demander un crédit, il doit magasiner auprès de plusieurs institutions financières afin de déterminer laquelle lui offre un crédit dont le coût est moindre. Dans ce cas, il doit considérer le taux d'intérêt, la durée et le montant du crédit.

L'accès au crédit, quand bien même il présente divers avantages, peut avoir au niveau d'un consommateur, surtout jeune plusieurs inconvénients, dont principalement l'endettement.

Chapitre VI : Endettement

L'accroissement des besoins, le manque ou la stagnation de ses revenus couplés au manque de contrôle sur son budget et du caractère conduisent très souvent un individu au recours incontrôlé au crédit. Cela conduit inexorablement à l'accumulation de ses dettes, en un mot à l'endettement, voire au surendettement de ce dernier.

Définition

« *L'endettement est la situation par laquelle une personne physique ou morale contracte une dette ou accumule des dettes pour régler des besoins d'ordre financier[30].* »

C'est donc une situation dans laquelle un individu a recours aux crédits ou aux achats à crédits pour faire face à ses besoins et charges.

Types de dettes

Une dette est une dette diront certains! Ils ont en partie raison, sauf que toutes les dettes n'ont pas les mêmes valeurs et impacts.

---

[30] https://www.definitions-finance.com/endettement/ (consulté le 15/04/2023)

On distingue les mauvaises et les bonnes dettes. C'est l'angle sous lequel les types de dettes sont abordés dans cette section.

- ▶ Une ***mauvaise dette*** est celle qu'un individu contracte par suite des dépenses et qui ne lui procureront aucun avantage ou revenu financier. Dette pour acheter des tenues, pour manger, les dettes des cartes de crédit.

    « La mauvaise dette finance des dépenses qui ne vous feront pas gagner d'argent et qui ne prendront pas de valeur[31]. »

- ▶ Une ***bonne dette*** est celle qui procure au contractant des avantages financiers futurs, en plus de la satisfaction d'un besoin immédiat. Quelques exemples : les dettes pour réaliser des investissements : dettes pour achat de terrains, d'immeubles ou d'habitation, prêts pour les études postsecondaires.

---

[31] https://plenit-finances.fr/bonne-dette-mauvaise-dette-faites-la-difference/ (consulté le 15/04/2023)

« Une bonne dette est un crédit ou un prêt utilisé pour obtenir un rendement quelconque sur l'investissement[32]. »

Signes de surendettement

Si un individu ne parvient plus à régulièrement payer ses dettes, il verra ses dernières s'accumuler. Cette accumulation conduit au surendettement.

Selon la Fondation canadienne d'éducation financière (FCEE), un individu fait face au surendettement d'un particulier lorsqu'il:

- *« A de la difficulté à épargner quoi que ce soit*
- *N'a jamais assez d'argent*
- *Utilise ses épargnes pour payer les coûts de ses dettes*
- *Approche dangereusement de la limite de crédit sur tous ses comptes*
- *Manque des mensualités ou les dates butoirs de ses factures*
- *Paie uniquement le paiement minimum sur ses comptes*

---

[32] https://www.smartpathnow.com/fr/vous-commencez/bonne-dette-mauvaise-dette.html (consulté le 15/04/2023)

- *Ne sait pas combien il doit*
- *S'inquiète beaucoup de ses finances*
- *Emprunte de l'argent pour payer ses anciennes dettes*
- *Doit emprunter de l'argent pour pouvoir assumer ses dépenses vitales chaque semaine. »*

Figure 6: https://www.definitions-finance.com/endettement/

Sortir de l'endettement

Le surendettement (l'endettement) n'est pas une fatalité! Il est gérable et surmontable. Il suffit de suivre quelques étapes en changeant de pratiques!

En voici quelques-unes des actions[33] qu'un individu désireux de se libérer de ses dettes peut poser :

> ▶ *Essayer de trouver une autre source légale de revenus. Exemple d'un second emploi*
>
> ▶ *Préparer un budget et le respecter (sera étudié en détail au chapitre VII)*
>
> ▶ *Réduire le train de vie après un examen de son antécédent et mode actuel de vie et identification de ce tout ce dont on peut renoncer*
>
> ▶ *Arrêter tout nouvel emprunt*
>
> ▶ *Elaborer, si possible avec l'aide d'un professionnel, un plan de gestion et de sortie de l'endettement*

---

[33] FCEE et https://ised-isde.canada.ca/site/bureau-consommation/fr/argent-dettes-dons/six-etapes-pour-sortir-lendettement#step1 (consultés le 15/04/2023)

> ▶ *Au besoin vendre certains de ses investissements ou réduire ses épargnes*
>
> ▶ *Payer en premier les mauvaises dettes*

Récapitulatif

Le recours excessif au crédit par un particulier, surtout de consommation peut conduire ce dernier au surendettement.

L'endettement n'est nécessairement pas une mauvaise chose, tant qu'il comporte plus de bonnes que de mauvaises dettes.

Le surendettement a des signaux que chaque individu doit surveiller.

On peut sortir de l'endettement en prenant des actions, en les respectant et en faisant le suivi de notre budget personnel.

Chapitre VII : Maintenir le cap : Budget personnel

Le contrôle et la maîtrise des finances d'un individu ou d'une organisation passent par la planification. Le budget est un outil qui permet à un agent économique de savoir comment dégager des surplus (fonds ou argent) pour investir pour le futur et réaliser son indépendance financière.

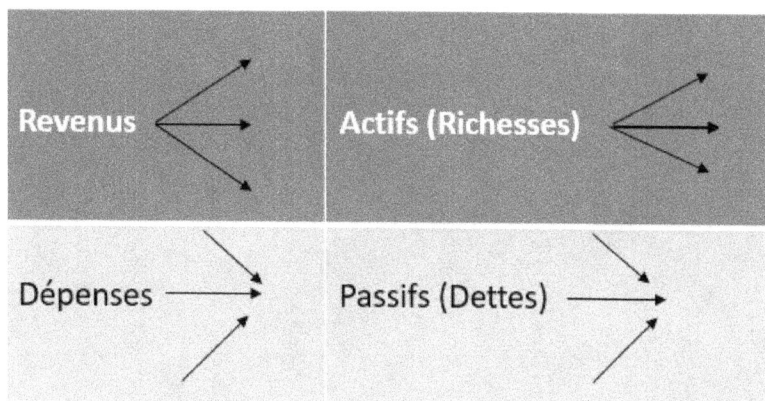

Figure 7: https://duflair.com/blog/les-depenses-exceptionnelles-en-copropriete-duflair-com

Définition

Le budget (BUD) est tout simplement la planification, la prévision des revenus (produits) et dépenses (charges) d'un individu ou d'une organisation.

Il permet à toute personne (physique et morale) d'anticiper ses revenus et dépenses.

- Un résumé de vos revenus et dépenses pour une période.

- Un plan pour gérer votre argent et pour planifier l'avenir.

- Un moyen de faire le suivi de votre argent.

Horizons du budget

Le budget permet de planifier pour l'avenir. Cet avenir se subdivise en trois (3) horizons. Il s'agit du :

1- Court terme. Cette planification se situe en 1 et 12 mois

2- Moyen terme. Cet horizon se situe entre 1 et 5 ans

3- Long terme, c'est-à-dire au-delà de 60 mois, soit plus de 5 ans.

But ultime du Budget

Un budget doit :

> ▶ *Être équilibré*, c'est-à-dire que les revenus doivent équivaloir aux dépenses

> ▶ *Générer un surplus.* Les revenus doivent être supérieurs aux dépenses

Cela vous parait confus? Pas de panique, l'objectif d'un budget consiste à s'assurer que nos revenus

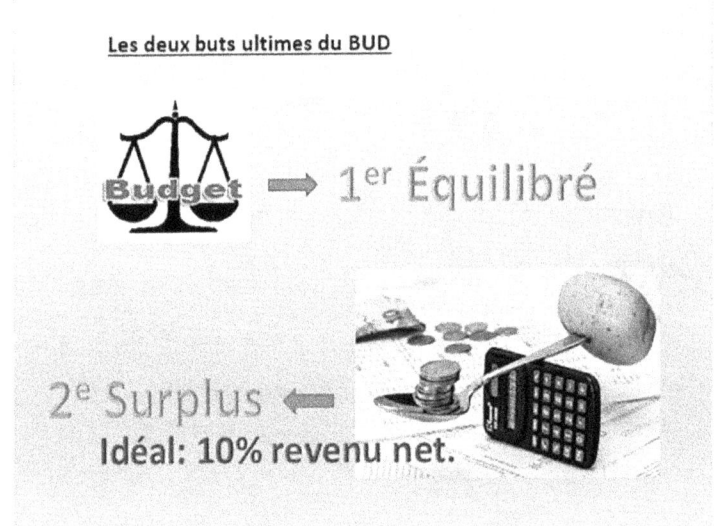

équivalent à tout au moins à nos dépenses. C'est la raison d'être de la première assertion.

Figure 8: https://www.budgetbanque.fr/budget/pourquoi-faire-budget

En clair, un budget doit permettre à un individu de dégager au moins 10% de surplus de son revenu net par période.

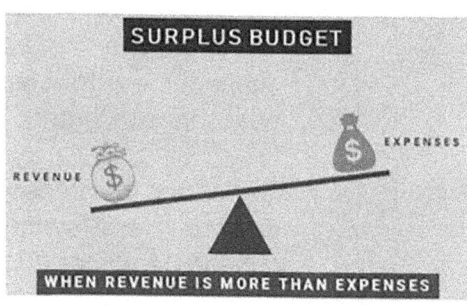

Éléments d'un budget

Le budget comporte deux (2) grands blocs desquels résulte un troisième. Il s'agit du bloc des revenus et celui des dépenses.

1- **Les Revenus** (voir le chapitre 3)

2- **Les Dépenses** (voir le chapitre 4)

La différence entre ces deux grands blocs donne le résultat, lequel résultat peut être :

- **Excédentaire**, c'est-à-dire positif ou supérieur à zéro. Dans ce cas les Revenus nets sont plus grands que les Dépenses

- **Déficitaire** ou inférieur à zéro, et dans ce cas de figure, les Revenus nets sont plus petits que les Dépenses.

- **Différence** entre les deux ou **Résultat** : excédent ou déficit

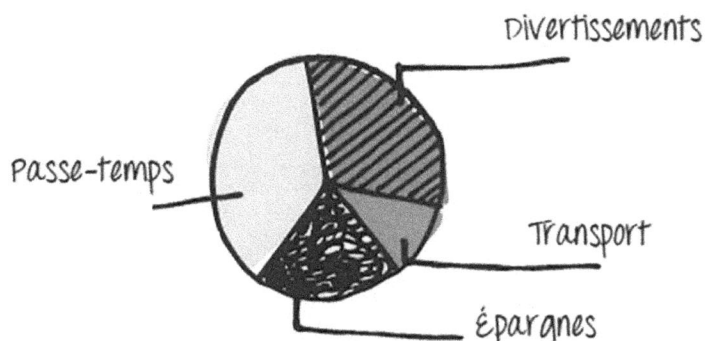

Le besoin d'un suivi efficace de son budget peut emmener un individu à subdiviser ses dépenses entre celles fixes (incompressibles) et celles variables.

Ci-dessous un exemple de budget personnel ou de la famille de Jean pour l'année 2022.

Revenu disponible de Jean : **42,680$**

Total des dépenses fixes (incompressibles) de Jean : 17,468$

Total des dépenses variables de Jean : 11,200$

Total des dépenses annuelles de Jean : 28,668$

Résultat : excédent budgétaire : **14,012$.** (soit environ 1,167.67$ par mois)

Sauver ce montant mensuellement est réaliste pour Jean vu son revenu et ses charges.

Budget Annuel de Jean Année 2022		
Revenu annuel brut d'emploi	45,000.00 $	
Déductions (incluant l'impôt)	(9,520.00) $	
Prestations annuelles pour enfants	7,200.00 $	
Revenu disponible		42,680.00 $
Dépenses fixes		
Loyer	9,600.00 $	
Assurance loyer	300.00 $	
Remboursement carte de crédit	1,200.00 $	
Remboursement prêt auto	4,380.00 $	
Assurance auto	500.00 $	
Remboursement prêt étudiant	1,488.00 $	
Total des dépenses fixes		17,468.00 $
Dépenses variables		
Alimentation- épicerie	5,200.00 $	
Sorties et loisirs	1,050.00 $	
Vêtements	1,500.00 $	
Essence	2,150.00 $	
Réparations et entretien auto	600.00 $	
Cadeaux anniversaires	700.00 $	
Total des dépenses variables		11,200.00 $
Dépenses totales		28,668.00 $
Excédent budgétaire		14,012.00 $

Cycle de l'argent

Il s'agit de montrer ici le circuit de l'argent permettant d'élaborer un budget étape par étape, depuis les revenus bruts ou totaux jusqu'au résultat en passant par les déductions et les dépenses (coût de vie).

En soustrayant les déductions (cotisations, impôts, ...) des revenus totaux ou bruts, on obtient le Revenu disponible ou net. C'est celui qui permet à chaque individu de faire face à ses charges. Après l'affectation d'une partie du Revenu disponible au Coût de vie, on obtient le résultat qui peut être excédentaire ou déficitaire.

De façon schématique, le cycle de l'argent se présente comme suit :

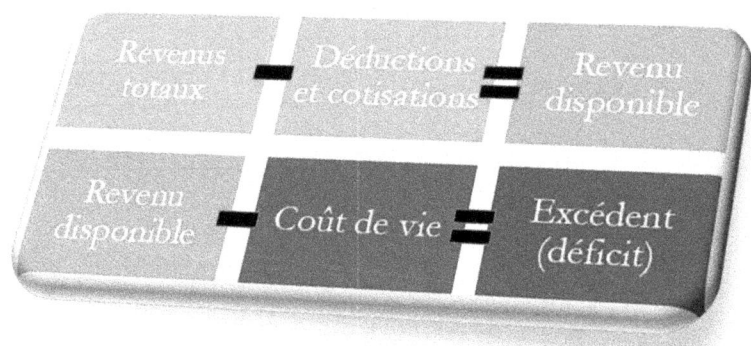

Que fait-on avec le surplus ou *l'excédent budgétaire*, se demandent certains?

Il permet de :

1. Payer les dettes, surtout les mauvaises

2. Créer un fonds d'urgence, c'est-à-dire un cousin en cas d'urgence (maladie, perte de ses sources de revenus, …). Les spécialistes recommandent 3 mois du coût de vie.

3. Se protéger, protéger sa famille et ses biens (Assurances)

4. Investir (épargner) pour le futur

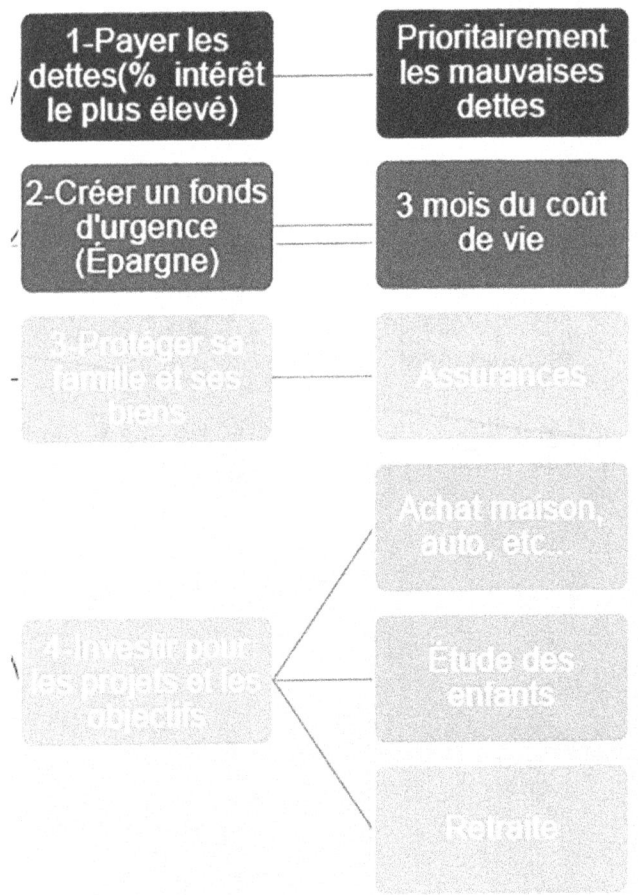

Cycle budgétaire

Le cycle budgétaire comporte 4 grandes étapes.

A- Se préparer

Cette phase comporte 4 sous-étapes :

a. Estimer tous les revenus : rassembler les fiches de paies, états des commissions, des prestations, des bourses, d'argent de poches, ... Calculer

b. Estimer toutes les charges (dépenses) : assembler les factures, les contrats, les reçus, etc.

c. Déterminer de ce fait les revenus disponibles et les dépenses de chaque mois.

d. Estimer les possibles épargnes (investissements) du mois ou de la période.

L'objectif de cette 1ᵉ phase est de déterminer où l'on dépense son argent, puis de décider si on le dépense là où on le veut ou si l'on veut faire des changements.

B- Établir le budget

« *Après avoir entré votre revenu prévisionnel, vos dépenses et votre épargne, vous avez maintenant tous les outils dont vous avez besoin pour établir un budget équilibré[35].* »

La réussite de cet exercice nécessite des analyses qui permettent à l'individu de faire la différence entre **_ses besoins_** et **_ses désirs_**, puis de structurer son budget. Cette structuration divise les dépenses en 4 types :

a- Les dépenses hebdomadaires
b- Les dépenses mensuelles
c- Les dépenses annuelles
d- L'épargne et les placements

Note : *il faut ramener les dépenses (voire les revenus) sur une base mensuelle ou annuelle dépendamment du type du budget.*

Ces 4 types de dépenses se regroupent en catégories que sont :

a- Les dépenses fixes
b- Les dépenses variables

---

[35] https://ised-isde.canada.ca/site/bureau-surintendant-faillites/fr/etablir-votre-budget#step2 (consulté le 18/04/2023)

Ci-dessous des liens pour des outils électroniques de planification du budget personnel qui sont téléchargeables[36].

C- Mettre en œuvre (exécuter) le budget

Une fois le budget établi, donc les deux précédentes étapes franchies, il faut passer à l'exécution de son budget. C'est l'étape de l'action. Ici il est recommandé de tenir un journal quotidien de ses dépenses.

> « *Vous avez créé un budget en décidant de façon réfléchie comment vous voulez dépenser votre argent. Le fait d'enregistrer votre revenu et vos dépenses au fur et à mesure vous aidera à limiter vos dépenses et à vous assurer de vivre selon vos moyens en effectuant seulement les dépenses planifiées et prévues au budget. …La tenue de documents exacts et à jour vous aidera à estimer de façon plus précise votre revenu et vos dépenses[37].* »

---

[36] Planificateur budgétaire - Canada.ca (fcac-acfc.gc.ca) et https://www.desjardins.com/wcm/idc/documents/e35-budget-etudiant-f.pdf (consultés le 18/04/2023)

[37] https://ised-isde.canada.ca/site/bureau-surintendant-faillites/fr/etablir-votre-budget#step3 (consulté le 18/04/2023)

Cette étape exige la conservation de tous les reçus, tickets, factures, la consignation au fur et à mesure de toutes les dépenses et sorties d'argent.

D- Suivre/ examiner/ évaluer le budget

Il s'agit à cette étape de comparer à la fin de chaque mois l'état des revenus et des dépenses réalisées au budget établi afin d'identifier les variations et apporter des ajustements si ces écarts sont négatifs. Ces analyses permettent également de savoir si le budget est réaliste, à quel niveau des efforts doivent être faits afin de réaliser son objectif d'accumulation de richesses, des actifs, éléments du bilan.

Figure 9: <https://ised-isde.canada.ca/site/bureau-surintendant-faillites/fr/etablir-votre-budget#step4>

Récapitulatif

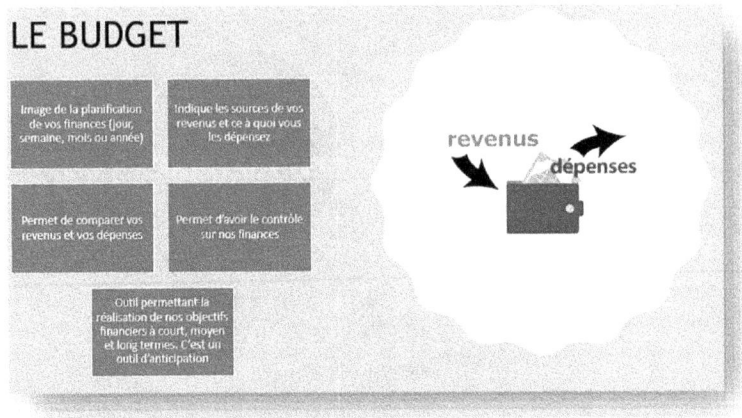

Un budget est juste un outil. Pour qu'il réalise son but, il exige de son auteur du caractère, du courage et de la bonne volonté.

Il n'est pas figé, il est flexible et ajustable.

Chapitre VIII : Bilan personnel

À l'instar du budget, le bilan (comptable) personnel est un outil de contrôle dans le processus de réalisation de l'indépendance financière. Il nous permet de mesurer la richesse et la dette d'un individu à une date donnée.

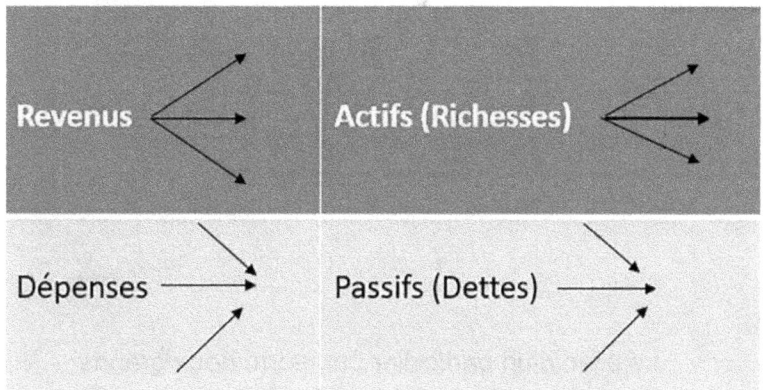

Définition

Le bilan est l'image de la situation financière d'un individu (d'un couple) à une date donnée.

Éléments du bilan d'un particulier

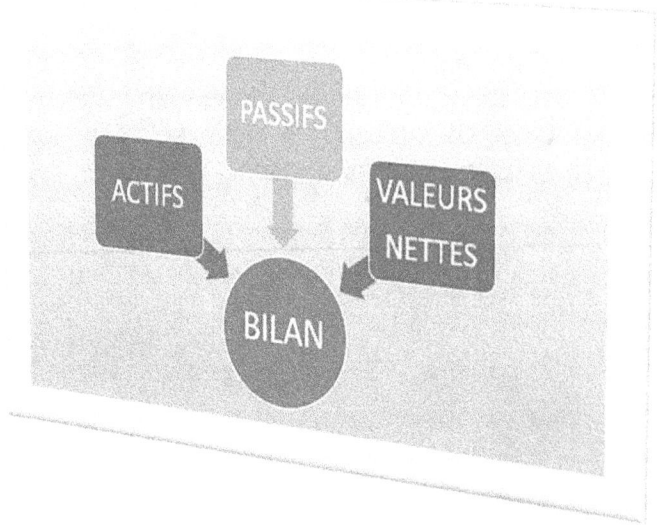

Le bilan d'un particulier comporte deux grands blocs, à savoir les Actifs et les Passifs. La différence entre ces grands éléments donne la Valeur nette de l'individu.

Les actifs et les passifs peuvent être à court et long termes. Dans le cadre comptable :

Court terme : 1-12 mois

Long terme : plus de 12 mois

Actifs et Juste Valeur Marchande ou JVM

Le bloc Actif constitue l'ensemble des richesses d'un individu, dans le cadre de cet ouvrage.

Ces éléments sont les :

- Liquidités
- Placements (investissements) financiers à leur JVM
- Biens matériels personnels. Ils sont inscrits dans le bilan personnel à leur JVM

Passifs

Ils regroupent les dettes, c'est-à-dire les obligations d'un individu à l'égard de tierces personnes (physiques ou morales). On distingue les dettes à court terme et les obligations à long terme.

Valeur nette

La valeur nette d'un individu est le résultat de la différence entre sa richesse et ses dettes.

Note : L'équation **ACTIFS = PASSIFS + VALEUR NETTE** doit être toujours équilibrée (vérifiée). Son nom technique est l'Équation comptable.

Ci-dessous l'exemple du bilan de Jean au 31 décembre 2022

Bilan personnel de Jean		
Au 31 décembre 2022		
ACTIF		
Liquidité		
Compte chèque / courant	3,825.00 $	
		3,825.00 $
Placements		
Fonds de retraite	6,000.00 $	
		6,000.00 $
Biens personnels		
Auto / voiture	12,750.00 $	
Meubles	4,250.00 $	
		17,000.00 $
TOTAL DE L'ACTIF		26,825.00 $
PASSIF		
Dettes à court terme		
Solde du crédit bancaire	2,700.00 $	
		2,700.00 $
Dettes à long terme		
Prêt étudiant	8,745.00 $	
		8,745.00 $
TOTAL DU PASSIF		11,445.00 $
VALEUR NETTE		15,380.00 $
TOTAL DES PASSIFS ET DE LA VALEUR NETTE		26,825.00 $

Récapitulatif

Le bilan est un outil très capital dans la gestion financière d'un individu. Il permet d'avoir une vue d'ensemble et nette tant des richesses que des

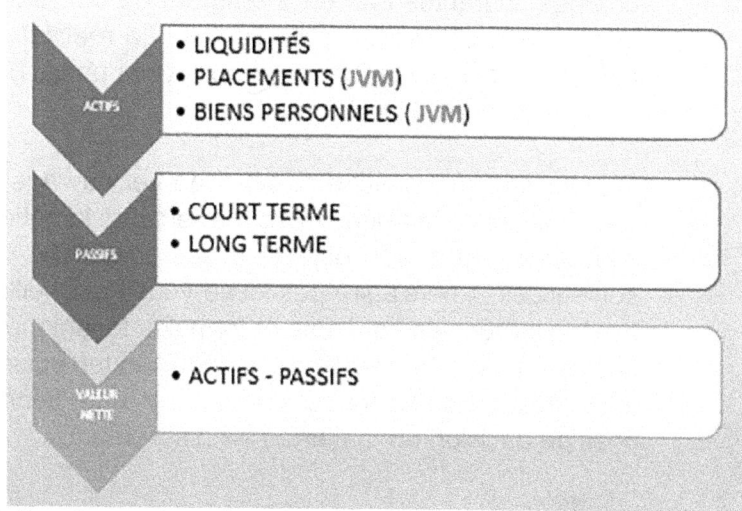

dettes à une date donnée.

Chapitre XIX : Investir son argent : le placement

Comme nous l'avons vu jusqu'ici, les revenus permettent à chaque individu de faire face à ses charges courantes tout en s'assurant de constituer une réserve et planifier pour l'avenir. La réalisation des objectifs et plans financiers de l'avenir passe par l'investissement et le placement.

Ce chapitre qui constitue le pivot de cet ouvrage a pour objectif de faire découvrir aux lecteurs la notion d'investissement, son objectif et les conditions de son succès. Il ne s'agira pas ici de vous embrouiller avec le jargon, les concepts et formules techniques. La présentation sera faite pour que quiconque puisse avoir des éléments nécessaires pour une bonne prise de décision en matière d'investissement.

Définitions

Épargne

Selon le Petit Larousse, c'est la « *Partie non-consommée du revenu d'un agent économique, employée pour constituer un capital.* »

Il s'agit donc de ce que vous mettez de côté à partir de vos revenus nets ou disponibles.

Épargner implique de reporter à plus tard l'utilisation d'un fonds ou d'une partie de vos revenus disponibles.

Pouvoir d'achat

« *Le pouvoir d'achat correspond à la quantité de biens et de services qu'un revenu permet d'acheter. Le pouvoir d'achat dépend alors du niveau du revenu et du niveau des prix[38].* »

C'est la quantité de biens ou de services qu'une unité d'une monnaie peut permettre d'acheter.

Le pouvoir d'achat est influencé par plusieurs facteurs, dont principalement :

> - *Les revenus disponibles*
> - *Les prix (leur niveau et leurs fluctuations)*
> - *Les impôts*
> - *L'inflation*

---

[38] https://www.economie.gouv.fr/facileco/pouvoir-achat-definition# (consulté le 27/04/2023)

Inflation

On parle d'inflation quand les prix des biens ou des services augmentent de façon **généralisée** et **durable**.

J'ai surligné dans cette description deux mots :[39]

> ➤ Généralisée, cela signifie que la hausse des prix ne concerne pas qu'un seul produit ou bien, mais l'ensemble des biens et services

> ➤ Durable, implique que cette augmentation dure dans le temps et que ce n'est pas ponctuel.

Si l'inflation demeure trop forte et durable, elle crée un impact très négatif sur les ménages, et donc sur l'économie en général.

Exemple : Avec un taux d'inflation de 2.2%, un bien qui coûtait 10,000 $ il y a cinq (5) ans, coutera aujourd'hui 11,149$, soit une hausse des prix de 1,149$.

---

[39] Source image : https://www.quechoisir.org/actualite-pouvoir-d-achat-septembre-2022-les-francais-achetent-moins-mais-ca-leur-coute-plus-cher-n103248/ (consulté le 27/04/2023)

De façon générale, ce sont les banques centrales qui permettent les conditions de lutte contre l'inflation. Toutefois et dans le cadre de cet ouvrage, l'accent ne sera mis que sur deux moyens de lutte contre le facteur inflation.

> ➢ ***Le rendement net sur les placements***. Cet outil sera amplement développé dans les prochaines sections
>
> ➢ ***L'indexation de la rémunération***. L'indexation de la rémunération est une augmentation salariale qui correspond au taux d'inflation de l'année. Ainsi, il n'y a pas de perte de pouvoir d'achat ni d'augmentation nette de pouvoir d'achat puisque tout coûte plus cher. Par exemple, si le taux d'inflation est de 2.2%, les salaires seront augmentés d'au moins 2.2%. C'est cela l'indexation.

Fiscalité

« *La fiscalité correspond à l'ensemble des règles et procédures qui sont appliquées dans un pays donné en matière fiscale[40].* »

---

[40] https://economy-pedia.com/11029961-taxation (consulté le 27/04/2023)

[41]

Les impôts ont un impact considérable sur les revenus d'investissement. Ces impôts varient fortement en fonction du type de revenus de placements.

---

[41] Source de l'image : https://www.lecoindesentrepreneurs.fr/ir-ou-is-regime-fiscal/ (consulté le 2804/2023)

Objectifs de l'épargne

FISCALITÉ

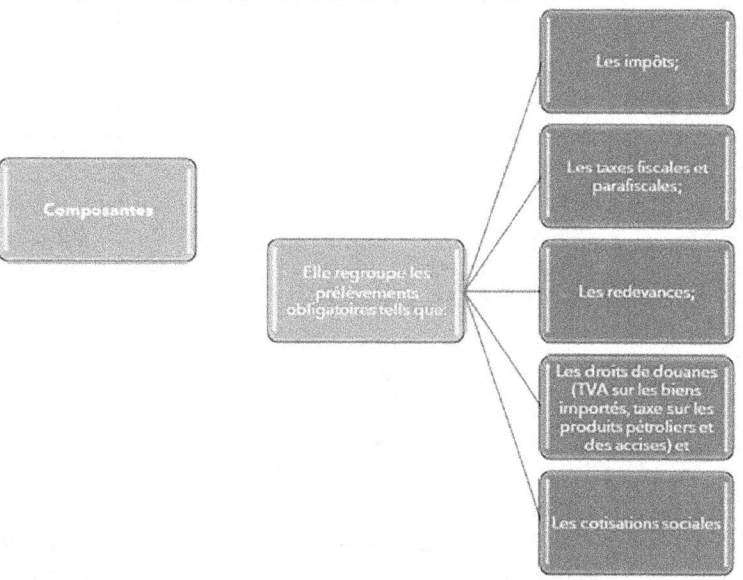

La détermination des objectifs de l'investissement dépend de plusieurs facteurs, qui sont pour la plupart liés à l'investisseur. On peut citer pêle-mêle : les **besoins** de l'investisseur, ses **préférences**, ses **expériences** en matière de placements, ses **buts** personnels, sa **tolérance** au risque, et surtout les **rendements** qu'il espère, …

Investir ou placer son argent permet de faire face à des projets futurs qui sont importants : **acheter une** *maison, une voiture, les études, les voyages, le mariage, la retraite, ...*

De façon générale, il existe cinq objectifs principaux que peuvent viser les investisseurs. À chaque objectif de placement correspondent de spécifiques véhicules.

Objectifs poursuivis	Véhicules / placements
La sécurité ou la préservation du capital investi	Certificats de placement garanti (CPG)
La production d'un revenu	Souscription à une rente
La croissance du capital / la réalisation de gains en capital	Fonds distincts, Fonds communs de placement
La liquidité du placement	Compte d'épargne
La minimisation de l'impôt	Actions qui produisent des gains en capital

Chaque objectif constitue une manière spécifique de faire fructifier son argent ou capital placé ou investi. Chacun peut faire fructifier son argent en le plaçant, en fonction de ses objectifs, dans des CPG, des actions, des obligations, des titres d'organismes de placement collectif ou dans l'immobilier.

Types de placements

Il existe en général cinq principaux types de placements. Chaque type regroupe plusieurs et différents véhicules.

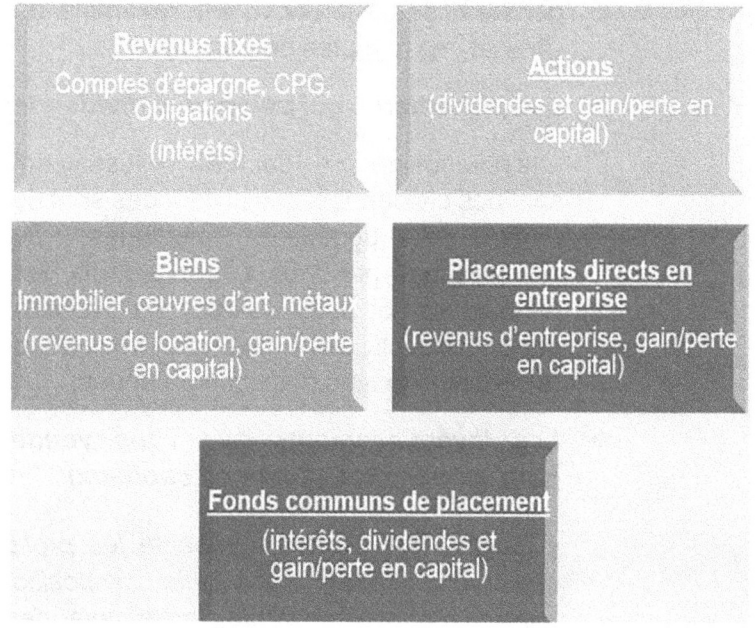

Les revenus de placements

Les cinq types de placements génèrent trois catégories de revenus :

▶ *Les investissements qui gagnent des intérêts* :

Il s'agit ici des placements de la première catégorie des objectifs de l'épargne, à savoir la recherche de la sécurité. Ces placements génèrent des intérêts, C'est l'exemple des CPG et des comptes de banque.

▶ *Les placements qui paient des dividendes*

Les revenus générés par les investissements sont des dividendes. Les dividendes sont des parts de bénéfices distribués aux investisseurs par une entreprise. Ils sont périodiques et leur valeur (ou montant) dépend de plusieurs facteurs : résultat de l'entreprise, le type d'actions détenues, …

▶ *Les investissements que vous vendez pour un bénéfice (gains en capitaux)*

*« Le **gain en capital** représente les profits que vous faites sur toute disposition (généralement une vente, mais cela peut aussi être une cession, une donation ou toute autre forme de transfert) de vos **immobilisations**, et que vous devez la plupart du temps intégrer dans votre **déclaration de revenus annuelle**.... Que sont les immobilisations? On parle notamment de chalets, de terrains, de matériel d'entreprise ou d'activité de location*

(qu'elle soit à grande ou à très petite échelle), ainsi que de vos actions, de vos obligations et de vos fonds communs[42]. »

La cession d'un investissement peut se solder également par des pertes en capital. Cela arrive lorsque le prix de vente d'un investissement est inférieur à son prix d'acquisition.

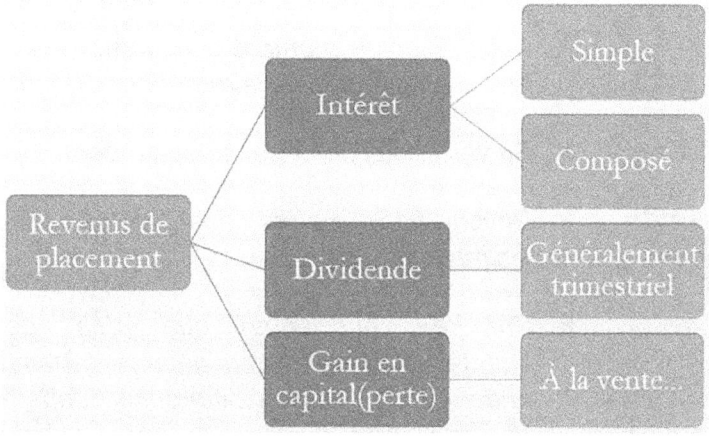

Investir dans l'une des catégories des types de placements dépend du profil de l'investisseur, de sa tolérance au risque, de l'horizon. Les deux premiers

---

[42] https://www.bnc.ca/particuliers/conseils/epargne-placements/gain-en-capital-fonctionnement.html (consulté le 02/05/2023)

déterminants seront amplement étudiés dans le prochain chapitre.

Devenir un vrai épargnant

Devenir un vrai investisseur demande du caractère et de la détermination. Voici quelques astuces pouvant permettre d'épargner de l'argent :

- *Se fixer un objectif d'épargne.*
- *Déterminer un montant à épargner sur son revenu disponible (salaire net par exemple).*
- *Surveiller où l'on dépense son argent.*
- *Devenir fidèle envers l'épargne, pas envers les magasins*
- *Prendre conscience que des petits changements dans ses dépenses peuvent entraîner de grosses différences dans ses épargnes.* **Par exemple** *renoncer à 1 diner par semaine dans un restaurant qui coûte 84$, permettra d'économiser 416$ par an*
- *Créer un budget et le respecter[43].*

---

[43] FCEE

Récapitulatif

La réalisation de l'indépendance financière passe par les investissements.

Il existe plusieurs types de placements qui sont faits en fonction des objectifs de l'investisseur.

Ces divers types d'investissements génèrent des revenus de placements.

Devenir un véritable investisseur demande du caractère, de la volonté, de la persévérance, de la détermination et de la connaissance de soi de l'investisseur.

Chapitre X: Se découvrir pour une bonne prise de décision

Les objectifs financiers sont d'importantes décisions à prendre par les individus. Ceci étant, cet exercice exige du potentiel investisseur une connaissance de lui-même, des facteurs qui dépendent de lui, de ceux qui sont hors de son contrôle, mais dont il peut s'en servir pour réaliser ses objectifs.

Analyse des facteurs internes et externes de l'investisseur

L'investissement personnel est une planification stratégique. Et de ce fait il urge, pour un succès de cette planification financière, pour chaque investisseur de s'aider de l'outil d'analyse de ses forces, faiblesses, opportunités et menaces (FFOM ou SWOT en anglais).

Dans le cadre des organisations, voici une définition exhaustive donnée par la Banque de Développement du Canada (BDC) :

> « *L'analyse FFOM est un cadre qui vous permet de relever et d'analyser les forces et les faiblesses de votre organisation, ainsi que*

les opportunités qui s'offrent à elle et les menaces auxquelles elle fait face[44]. »

C'est un tableau à quatre cadrans dont les éléments peuvent être regroupés en :

▶ ***Facteurs internes*** : forces et faiblesses de l'investisseur

▶ ***Facteurs externes*** : opportunités et menaces (éléments de l'environnement de l'investisseur)

Voici quelques exemples d'éléments de cet outil en ce qui concerne un nouvel ou jeune investisseur dans le tableau ci-dessous :

	Facteurs internes	
	Forces	**Faiblesses**
Éléments positifs	→ Revenus disponibles mensuels → Pas de dettes → ...	→ Manque d'expérience en investissement → Faibles revenus nets → ...
	Opportunités	**Menaces**
Éléments négatifs	→ Croissance des marchés boursiers → Disponibilité de conseillers financiers → ...	→ Volatilité des marchés → Crise économique → ...
	Facteurs externes	

---

[44]https://www.bdc.ca/fr/articles-outils/strategie-affaires-planification/definir-strategie/analyse-ffom-outil-simple-utiliser-planification-strategique (consulté le 02/05/2023)

Les déterminants du placement : Profil de l'investisseur

Même si placer son argent signifie tout simplement faire fructifier son argent, cela demande, pour sa réussite l'identification des objectifs de l'investisseur et leur déterminant, son profil.

> *« Le profil investisseur définit vos attentes, vos objectifs de performance, votre niveau d'aversion risque et votre horizon de placement[45]. »*

L'établissement du profil d'investisseur prend en compte cinq facteurs qui conduisent à l'indentification de trois types d'investisseurs :

- *Prudent*
- *Équilibré*
- *Dynamique*

Chaque facteur du particulier conduit à divers états situations.

Situation financière personnelle de l'investisseur

Il s'agit de la liste de divers éléments comme l'âge, le type d'emploi, le type du contrat d'emploi, les

---

[45] https://www.centralcharts.com/fr/gm/1-apprendre/3-bourse/5-gestion-portefeuille/230-quel-est-votre-profil-investisseur (consulté le 03/05/2023)

années d'ancienneté, la situation matrimoniale et familiale, la valeur nette, ...

L'analyse de cette liste conduit à la conclusion de la situation financière : ***stable*** ou ***précaire***

Connaissances

Elles font appel à l'interprétation du parcours académique, du travail et des passe-temps de l'investisseur.

Exemple : un professionnel qui travaille comme comptable aura beaucoup plus de connaissance qu'un chauffeur.

On conclut ensuite l'état des connaissances à ***faibles, moyennes*** ou ***excellentes***.

Expérience

Depuis combien d'années est-il investisseur ? Est-ce qu'il a connu des cycles boursiers différents, des baisses et des hausses ? A-t-il déjà fait l'expérience de la baisse de ses investissements boursiers?

L'expérience sera très importante pour bien pondérer le niveau de risque que le particulier dit être prêt à assumer.

Tant qu'on n'a pas vu vraiment notre investissement passer de 5 000$ à 3 000$, on ne sait pas qu'elle sera notre réaction en vrai... même si on affirme être prêt à prendre des risques.

On conclut ensuite l'état de l'expérience à **faible**, **moyenne** ou **excellente**.

Horizon de placement

Il s'agit du temps prévu entre le début du placement et sa fin, c'est-à-dire le temps entre l'épargne et le moment du capital et des revenus pour être utilisés.

Plus le temps d'épargne est long, plus on peut prendre de grands risques, car l'investissement aura le temps de vivre plusieurs mouvements de hauts et de bas du marché financier. Même pour un investisseur dynamique, si le temps du placement est court, il peut passer au profil d'investisseur prudent.

On parle ici d'horizon de placement par **court**, **moyen** ou **long terme**.

La tolérance au risque

Le risque est la probabilité que survienne un danger qui entraîne un préjudice.

La tolérance au risque est la composante la plus particulière du profil d'investisseur.

> « *L'aversion au risque est un comportement économique face au risque. Chaque investisseur a une aversion au risque différente. Cette aversion va influer considérablement sur les choix des investissements[46].* »

La tolérance au risque d'un épargnant est évaluée à l'égard du risque associé à chaque titre choisi pour son portefeuille.

Donc, difficile d'affirmer avec conviction qu'on a une tolérance au risque élevée quand on a peu de connaissances ou pas d'expériences.

Les types de la tolérance au risque sont : **faible, moyenne** ou **élevée**

Par exemple :

- ▶ Les investisseurs qui n'ont aucune tolérance au risque choisissent des placements à rendement garanti (objectif de sécurité).

- ▶ Ceux ayant une tolérance au risque recherchent des investissements à rendement garanti ainsi qu'un taux de croissance au moins égal à celui de l'inflation.

---

[46] https://www.centralcharts.com/fr/gm/1-apprendre/3-bourse/5-gestion-portefeuille/230-quel-est-votre-profil-investisseur (consulté le 03/05/2023)

- ▶ Les épargnants désirant une certaine sécurité mais voulant en même temps des possibilités de rendements supérieurs au taux d'inflation, penchent en faveur d'un portefeuille équilibré.

- ▶ Ceux qui ont une tolérance élevée au risque optent pour des placements spéculatifs.

Profil d'investisseur

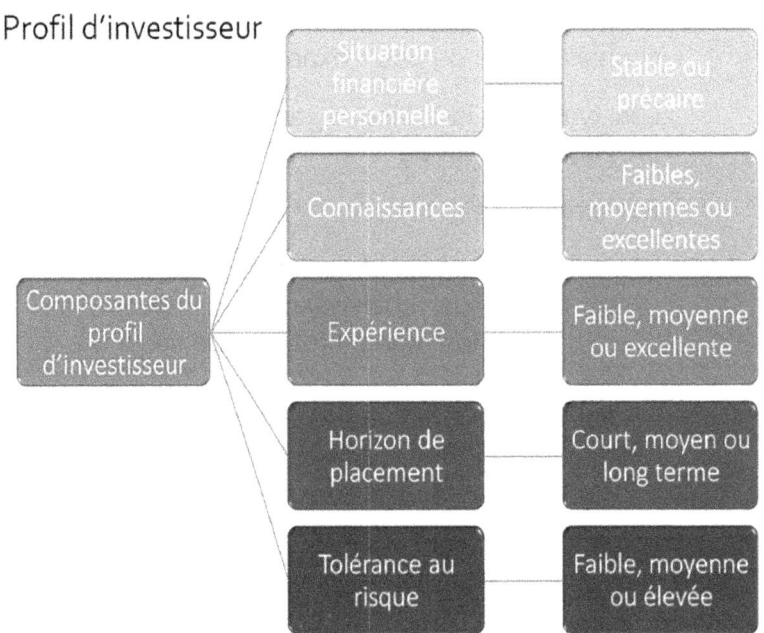

Récapitulatif

Au terme de ce chapitre qui joue un rôle pivot dans le processus de la réalisation d'indépendance financière d'un particulier, il est important de noter que la connaissance de soi de l'investisseur, et de son client par le Conseiller financier, est la clé du succès des objectifs financiers.

Le choix d'objectif du placement de l'investisseur dépend de l'ensemble des cinq composantes de son profil. Le profil peut varier à cause d'une seule composante. Par exemple, un investisseur dynamique peut passer à un investisseur prudent si l'horizon du placement est à court terme.

Exemple de répartition d'actifs pour les 3 profils.

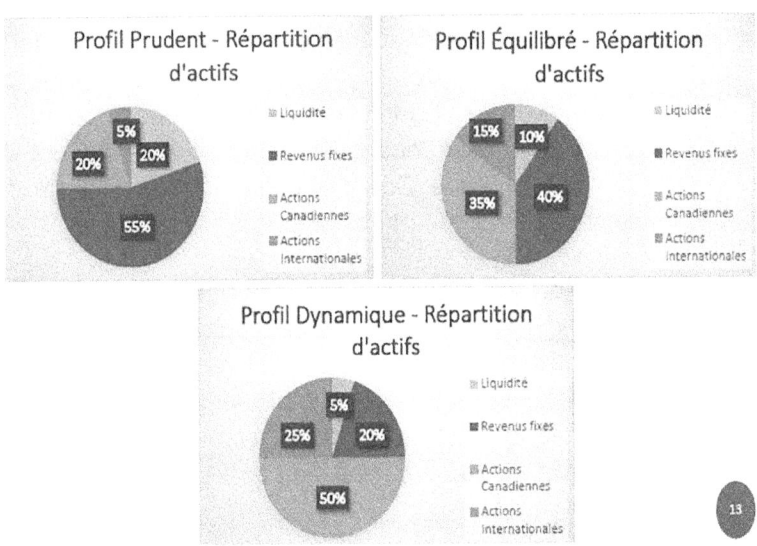

Chapitre XI: La gestion du risque : Se protéger - les Assurances

La réalisation de l'indépendance financière passe par un ***plan financier*** complet et adapté au profil, aux objectifs et besoins de chaque investisseur. Ce chemin est de nos jours de plus en plus cahoteux puis comporte des risques que court l'investisseur et qui sont très souvent hors de son contrôle. L'un des facteurs de succès de ses objectifs est la protection contre les risques. Cette protection est réalisée à travers la souscription aux assurances qui constituent une composante très importante du plan financier du particulier.

Définition des assurances

*« Une **assurance** est un service qui fournit une prestation lors de la survenance d'un événement incertain et aléatoire souvent appelé « risque ». La prestation, généralement financière, peut être destinée à un individu, une association ou une entreprise, en échange de la perception d'une cotisation ou prime[47]. »*

---

[47] https://fr.wikipedia.org/wiki/Assurance (consulté le 05/05/2023)

Les parties prenantes d'un contrat d'assurance

Un contrat ou police d'assurance comporte trois principales parties prenantes. Elle met en relation :

> « **Le souscripteur** : *celui qui signe le contrat. Il verse régulièrement les primes ou les cotisations d'assurance ;*

> **L'assureur** : *c'est l'organisme autorisé à effectuer des opérations d'assurance. C'est lui qui s'engage à verser l'indemnité ou le capital prévu dans le contrat quand le risque se réalise ;*

> **L'assuré** : *c'est le bénéficiaire de l'assurance. Il peut être le souscripteur lui-même*[48]. »

Utilité

Partant de la définition de l'assurance donnée par Joseph Hémard, on peut déjà facilement identifier l'utilité de l'assurance. Elle consiste à couvrir les divers risques que court un particulier ou un organisme et qui sont inhérents à son existence.

> « *L'assurance est une opération par laquelle une partie, l'assuré, se fait promettre*

---

[48] https://www.definitions-finance.com/assurance/ (consulté le 05/05/2023)

moyennant une rémunération (la prime ou cotisation) pour lui ou pour un tiers, en cas de réalisation d'un risque, une prestation par une autre partie, l'assureur, qui prenant en charge un ensemble de risques, les compense conformément aux lois de la statistique[49]. »

En définitive, l'assurance qui est un pilier de tout environnement socioéconomique, de la sécurité et responsabilité financière de tout individu a pour mission de protéger :

> « ***Les patrimoines*** *: en indemnisant les biens sinistrés et en garantissant les conséquences financières d'une mise en cause de notre responsabilité civile ;*

> ***Les personnes****, en versant des prestations en cas de maladie, d'accident ou de décès par exemple, mais également en apportant des solutions d'épargne et de préparation de la retraite[50].* »

---

[49] Joseph Hémard, "Théorie et pratique des assurances terrestres, t. 1", Paris, Société du recueil Sirey, cote BnF 8-F-29545, 1924, p. 73, consulté le 05/05/2023 dans https://fr.wikipedia.org/wiki/Assurance

[50] https://fr.wikipedia.org/wiki/Assurance (consulté le 05/05/2023)

Les assurances varient en fonction du risque qu'elles couvrent.

Objectifs de l'assurance

1. S'assurer que vos chers ont assez d'argent pour vivre après votre mort
2. Payer vos factures si vous êtes malade, blessé ou handicapé
3. Payer vos emprunts si vous perdez votre emploi.
4. Augmenter vos épargnes pour les léguer à votre conjoint ou vos enfants
5. Couvrir vos frais d'obsèques ou autres à votre mort

[51]

Types d'assurances

Il s'agit de citer sans trop de détails les cinq principaux types d'assurance des particuliers que regroupent les deux catégories citées dans la précédente section.

Assurance vie

Cette assurance qui protège contre le risque de mort paie un montant à la famille du souscripteur en cas du décès de ce dernier.

Elle peut être temporaire ou permanente.

---

[51] FCEE

Assurance invalidité

Ce type d'assurance paie un revenu à l'assuré en cas de maladie, de blessures ou d'incapacité à travailler.

> **Exemple** : en cas d'invalidité ou de perte de son emploi, si l'investisseur ne dispose pas d'assurance, il risque de ne pas pouvoir continuer à épargner, au pis des cas, il risque même de retirer son investissement pour pouvoir vivre et subvenir à ses besoins. Cela va dès lors compromettre son plan d'investissement et sa marche vers l'indépendance financière.

Cette assurance peut être du type court ou long terme.

Assurance contre les maladies graves

C'est une assurance qui couvre contre les risques de maladies graves comme un cancer, une crise cardiaque ou un AVC. Donc elle est différente de l'assurance invalidité qui couvre contre les risques de maladies non graves.

Le même exemple de la précédente section est également valable pour ce type d'assurance.

Assurance santé

Elle permet de couvrir les frais médicaux, les visites médicales, les hospitalisations et les médicaments. Elle peut également couvrir le souscripteur en cas de voyage.

Assurance immobilière (du patrimoine)

C'est une assurance surtout de responsabilité civile. Elle couvre vos biens matériels, en l'occurrence votre maison et votre automobile, contre les incendies, les accidents, le vol, les dégâts et les blessures.

En conclusion partielle, tous ces types d'assurances varient en fonction des risques couverts, du sexe, de l'âge, des conditions préexistantes, de l'horizon et du secteur d'activités du souscripteur.

Par exemple les primes des assurances vie sont plus élevées pour les hommes, quant aux assurances invalidité, leurs primes coûtent plus chères quand il s'agit des femmes. Plus l'âge augmente, plus les assurances vie coûtent plus chères, car la probabilité que le risque de décès se réalise est plus forte.

Se faire accompagner : travailler avec un Conseiller financier

La complexité des marchés et des produits financiers recommande aux particuliers de travailler avec un spécialiste des questions financières, surtout pour les nouveaux investisseurs. La question d'argent peut facilement inhiber le sens critique et du jugement des individus. Mais travailler avec un Conseiller qui vous comprend, qui vous connait et qui est prêt à vous accompagner est très capital. C'est aussi une manière de transférer le risque. Je me rappelle cette expression que nous affectionnions quand je travaillais comme Consultant financier avec l'ex-firme Investors Group. Nous leur disions :

> « *Laissez-nous nous occuper en professionnels de vos finances et vous allez libérer du temps pour vos activités et familles tout en faisant bien fructifier vos placements.*»

Travailler avec un spécialiste ne dispense pas le particulier de s'intéresser activement à ses placements. Qui peut se soucier de son argent plus que lui-même? Il faut toujours chercher à comprendre vos investissements et si un Conseiller financier ne se sent pas disponible à tout vous expliquer, tout simplement s'abstenir ou le changer. Il travaille pour vous! Il a pour mission de vous protéger en protégeant vos investissements et de vous guider.

> « *Quelle que soit la personne à qui vous confiez vos placements, vous seul êtes en mesure de savoir si le choix d'un produit d'investissement vous convient. Et c'est à vous de veiller à ce que vos placements continuent de produire les résultats voulus[52].* »

> Sans conseil financier, vous courrez le risque de perdre de l'argent pour au moins 3 raisons :
> - Vous pourriez ne pas savoir quoi faire
> - Vous pourriez vous faire avoir
> - Vous pourriez ne rien faire au bout du compte

[53]

Choisir un conseiller

Pour choisir un Conseiller, l'investisseur doit rechercher quelques qualités dont en voici les principales. Il doit :

---

[52] Autorités canadiennes en valeurs mobilières (ACVM), L'ABC du placement- Faire ses premiers pas,
[53] FCEE

- ➢ Être formé et détenir une licence pour vendre les investissements dont a besoin le particulier
- ➢ Offrir de nombreux produits et services
- ➢ Comprendre les objectifs, les tolérances au risque de son futur client. Ce dernier doit être à l'aise pour travailler avec lui
- ➢ Être disposé à travailler avec son futur client sur le long terme.

Les Autorités canadiennes en valeurs mobilières (ACVM) dressent une liste de questions à se poser avant de choisir un Conseiller financier.

Avant d'engager les services d'un conseiller financier, demandez-lui :

- Quelle formation et quelle expérience professionnelle avez-vous?
- Depuis combien de temps votre entreprise est-elle en affaires?
- Depuis combien de temps travaillez-vous dans cette entreprise?
- Êtes-vous inscrit, ainsi que votre entreprise, auprès d'une autorité en valeurs mobilières?
- Quels produits et services offrez-vous?
- Comment comptez-vous m'aider à atteindre mes objectifs?
- À quelle fréquence allez-vous communiquer avec moi ou me rencontrer?
- Comment êtes-vous rémunéré pour vos services (salaire, commission ou honoraires fixes)?
- Pouvez-vous me fournir des références de clients qui me ressemblent?

Récapitulatif

Il existe divers types d'assurances en fonction des besoins du particulier.

En résumé :

> ➢ « *Les **assurances de biens** permettent aux assurés de pouvoir remplacer des biens détruits, volés ou dégradés.*
>
> ➢ *Les **assurances de responsabilité** permettent à un particulier ou un professionnel de réparer financièrement les dommages qu'ils ont pu occasionner à un tiers, sans amputer leurs ressources propres.*
>
> ➢ *Les **assurances de dommages corporels** complètent les prestations des régimes obligatoires de protection sociale, en cas de maladie ou d'accident corporel*[54]. »

Pour le succès de son plan financier, il est recommandé au particulier de travailler avec un Conseiller qui répond à ses besoins et qui le comprend. C'est l'un des facteurs du succès de la réalisation de l'indépendance financière.

---

[54] https://fr.wikipedia.org/wiki/Assurance (consulté le 05/05/2023)

Épilogue : Indépendance financière

Nous voici à l'objectif ultime de cet ouvrage : l'indépendance financière! Toute la matière vue jusqu'ici n'avait pour seul but que de nous préparer et nous familiariser au processus conduisant à notre indépendance sur le plan financier. Nous avons étudié au début de cet ouvrage ce que c'est que la qualité de vie, et vu la différence entre besoins et désirs.

Définition

Selon Plamondon-Sauvé, l'indépendance financière est, pour un individu, la :

> « ***Capacité de maintenir sa qualité de vie à court, moyen et long terme en ayant la meilleure performance financière possible.*** »

Quant à la Banque nationale, elle donne une définition toute simple de ce concept ou de cet état financier. Elle stipule :

> « ***Atteindre l'indépendance financière signifie que vous n'avez plus besoin de travailler pour subvenir à vos besoins.***

L'argent ne dicte plus certaines décisions importantes[55]. »

Réaliser son indépendance financière, c'est pouvoir satisfaire ses besoins et désirs **sans être obligé** de travailler ou de recourir à des prêts.

La performance financière

Pour un particulier, la performance financière consiste à :

« *Dépenser intelligemment et investir sagement[56].* »

Cela traduit la capacité d'un agent économique d'avoir le contrôle de ses dépenses et la maîtrise de ses investissements en vue de la réalisation de son indépendance financière.

Fonds d'urgence

Comme évoquer ci-dessus, et vu au chapitre sur les assurances, le risque qui est un fait inhérent à la vie humaine doit être géré par les individus qui visent

---

[55] https://www.bnc.ca/particuliers/conseils/epargne-placements/independance-financiere.html#:~:text=train%20de%20vie-,Qu'est%2Dce%20que%20l'ind%C3%A9pendance%20financi%C3%A8re%3F,notamment%20de%20suivre%20vos%20envies. (consulté le 16/05/2023)

[56] Plamondon R. G et Sauvé P.

leur indépendance financière. L'un des outils de cette gestion est la constitution d'un **fonds d'urgence**.

Le fonds d'urgence permet à un individu de faire face à ses dépenses courantes, en cas de crise (maladie, accidents, perte d'emploi, ...) sans s'endetter ou faire usage de ses investissements.

Les spécialistes recommandent d'avoir au moins trois (3) mois du coût de vie comme fonds d'urgence.

Par **exemple**, si votre coût de vie par mois est de **800$**, votre fonds d'urgence sera de **2,400$**, soit 800$ * 3.

Le coût de vie est déterminé à l'aide du budget.

Le fonds d'urgence permet de faire face aux imprévus et d'éviter le stress financier.

Récapitulatif

Réaliser son indépendance financière est l'ultime but de toutes les actions financières et économiques entreprises par un individu.

Sa réalisation est une succession d'actions et d'étapes qui exigent une discipline du particulier et du conseil d'un spécialiste.

Conclusion : Réaliser son indépendance financière

J'ai envie de m'exclamer avec le lecteur : enfin! Me voici prêt à m'engager sereinement sur le chemin de la réalisation de mon Indépendance financière avec les outils vus tout au long de la lecture de cet ouvrage sur la finance personnelle.

Je suis prêt à planifier pour l'avenir de toute ma famille. C'est l'objectif visé par cet ouvrage simple et destiné à tout le monde.

Pour atteindre son indépendance financière, il faut principalement :

- ➢ Se fixer des objectifs réalistes et atteignables
- ➢ Se donner les moyens d'atteindre ses objectifs
- ➢ Avoir un plan (budget) et le respecter ou l'ajuster
- ➢ Minimiser ses dépenses
- ➢ Épargner et Investir ses épargnes

> Se faire aider ou accompagner par un Conseiller financier qui nous comprend et veut travailler avec nous[57]

Le défi est grand, mais il est important de rappeler ici, et une fois encore, que tout ce qui est bon et beau n'est jamais facile. Plusieurs facteurs, dont beaucoup sont hors du contrôle de l'épargnant, entrent en ligne de compte pour la réussite financière. Et c'est pour ce faire qu'il est important et recommandé de se faire accompagner. Se faire accompagner n'implique pas que l'investisseur doit se faire substituer par son accompagnateur. C'est le particulier qui connait ses besoins et objectifs.

A chaque lecteur, je souhaite une bonne marche vers le succès financier.

---

[57] FCEE

Bibliographie sommaire

Fondation canadienne d'éducation économique et Groupe Investors, *Épargner et Investir son Argent,* 2013

Plamondon, R.G. et Sauvé, P., *La Planification financière personnelle 7e éd*. Chenelière

Sani, Y. A., *Le leadership à l'ère de l'information,* Édition DhArt, 2019

Sani, Y. A., *Bénin, investir dans l'avenir : l'impératif d'une éducation innovante,* Édition L'Harmattan, 2018

www.ingramcontent.com/pod-product-compliance
Lightning Source LLC
Chambersburg PA
CBHW080414170426
43194CB00015B/2811